이석자 목사 간증집

나는 누구인가

나는 어디서 와서 어디로 가는가?

청어 도서출판

나는 누구인가

나는 어디서 와서
어디로 가는가?

나를 찾으니 하나님이 보였고 하나님을 찾으니 내가 보였습니다. 그분은
대우주였고 나는 소우주였습니다. 인간의 능력과 지혜는 한계가 있습니다.
그러나 그 한계를 뛰어넘는 초자연의 세계가 있었습니다.

『나는 누구인가』는 다른 간증집보다 아주 차원이 다른 진솔하고 특별한 이석자 목사님의 간증집입니다. 이 책의 직접 체험담과 산 간증이 실제적으로 이루어져 있습니다.

저자는 인생의 역경과 고난을 잘 이겨내시고 『나는 누구인가』란 승리의 간증집이 나오기까지 영적인 싸움에서 자신을 찾고 자신을 찾다 보니 하나님이 보였고, 보여진 하나님은 너무나 크신 대우주였고 자신은 아주 작은 소우주였듯이 인간의 능력과 지혜는 한계가 있었다고 아주 솔직하게 고백하고 있습니다.

이 책은 고난의 한계를 뛰어넘는 세계가 하나님의 영적 세계인 4차원적인 영성으로 분별하여 세상과 나와 싸워서 이기고, 끝까지 참고 인내함으로 하나님의 말씀을 붙잡는 인생은 어떤 환경이라도 초월하고 승리한다는 내용을 담은 영성이 충만한 간증집입니다.

이석자 목사님은 인생의 고난과 역경 속에서도 주님께 사명을 받아 신학을 마스터하시고 각종 고시를 거쳐 주의 종 목사님이 되어 살아남은 존귀하신 분으로서 영적 육적 깊은 체험과 인간 산전수전을 다 겪으신 격조 높은 산 간증집입니다.

　　『나는 누구인가』를 통해 우리는 진정 하나님이 우리 인생을 향한 하나님의 전지전능하심과 주님의 섭리하심을 발견하게 될 것입니다. 하나님과의 고귀한 만남을 통하여 진정으로 자신을 발견하는 이석자 목사님의 특별한 간증집을 독자들에게 아낌없이 추천합니다.

총회장 이 성 현 목사

감사의 글

어린누에가 성장해 고치가 되고 어느 순간 고치를 뚫고 나비가 되어 날아가듯 이제야 현실을 벗어나 푸른 날개 펴 구름 위로 날아본다. 고치 속에서 너무도 오랫동안 갇혔던 날개라 서투른 날갯짓이지만 애써 창공을 향하여 날아본다. 주님의 손길이 아니었다면 내가 어찌 이 자리까지 와있을까?

허물 많고 죄 많은 부족한 사람을 끝까지 참아주시고 인내하시며 기다려주신 하나님께 정말 감사함을 올려드린다. 수많은 소용돌이 삶 가운데 쓰나미처럼 밀려오고 밀려갔던 아픔의 세월들. 새삼 지금 돌이켜 보면 그 모든 아픔과 고난들이 이 자리에 오기까지 아픔이라는 아름다운 홍보석과 청보석인 고난의 세월들이었다. 그 많은 시련의 고통이 있었기에 내가 성장할 수 있었고 또한 하나님 첫사랑 회복하여 또다시 초자연의 세계를 누리고 살 수 있는 축복을 받지 않았는가!

이것은 세상이 줄 수 없는 기쁨과 평강, 진리 안에 자유, 그 무엇에도 속박되지 않는 주님과만의 누릴 수 있는 행복이었다. 이것을 위해

대가를 치르기엔 너무나 많은 고통이 따랐다. 주님과 동행하는 삶은 영원에서 영원으로 이어지는 보배로운 귀한 삶이다. 그 누구와도 비교하는 삶이 없다. 주님 한 분만으로 족하기 때문이다.

이 글은 오래전부터 조금씩 써온 글이다.

2014년도에 글이 완성되었고, 최종 마무리 작업이 호주 영주권을 포기하고 한국으로 나와 2018년부터 다시 쓰기 시작했다. 양곡도서실 옆 자리에 함께 앉은 경제학 김상범 박사님의 도움으로 퇴고작업을 처음으로 시작했다. 그리고 지저스 119 나라 살리기 구국기도 협의회에서 6·25전쟁 행사 때 눈물로 호소하는 나의 시 낭독을 듣고 옹세근 장로님을 통해 시인대학 학장님이시며 최병준 목사님을 소개받았다.

서울 시인대학 최병준 학장님께서 숭실에듀 교수로 시와 낭독과 낭송, 방과 후 지도자 자격증을 취득을 위한 강의를 맡았다. 숭실에듀 입학하여 방과 후 지도자 자격증을 취득하였다. 그 후에 국보문학 시인으로 등단하고, 성시와 간증집 최종 마무리 작업들어가면서 국보문학 임수홍 이사장님의 소개로 조영갑 교수님께 수필을 다시 배우게 되었다. 시는 배워서 어느 정도 기초는 닦았다. 간증집은 처음부터 끝까지 이어가는 산문이다. 그래서 단막으로 써나가는 지난 이야기들을 퍼즐로 맞추어 쓴 글들을 출판하기 전 다시 한 번 정리해 보기 위해 수필을 또 배우게 되었다. 나는 학문도 지식도 많이 부족한 사람이다.

그러나 환란과 고통을 통해 하나님의 첫사랑을 회복하여 늦둥이로 신학을 배우면서 많은 책을 읽게 되었고 또 논문 세 권을 썼기 때문에 글을 쓰는데 가장 큰 도움이 되었다. 하지만 논문과 일반 독자들을 위한 사실적 사건들을 써나가는 간증집 글은 조금은 달랐다.

논문은 자기 이념과 사상에 맞는 고전 책들을 많이 읽어 짜깁기를 잘 해나가면서 자기 글을 만들어 나가면 된다. 하지만 나에게 실제 일어났던 50~60년 전의 일들을 수필집 형식의 산문으로 쓴다는 것은 너무도 힘들고 버거운 작업이었다. 있었던 사건들을 글로 표현하는 것이지만 오로지 처음부터 끝까지 내 창작의 손길로 탄생시킨다는 것이 만만치 않은 작업이었다. 그나마 다행이고 힘이 충만했던 것은 그래도 하나님께서 보여주신 체험 부분의 글을 써나갈 때는 비교적 쉽게 성령님의 은총으로 쓸 수 있었다.

주님은 일찍이 20년 전부터 나에게 일기로 쓰는 성시(聖詩)와 간증집 쓰기를 원하셨다. 그러나 뜻하지 않게 일어나는 복잡하며 다난한 삶을 살면서 너무 힘들어 순종할 수가 없었다. 하지만 세상은 점점 혼탁해 지며 하나님의 법과 질서가 무너져 가는 이 마지막 시대를 보면서 점점 마음이 너무 초초해지고 다급해졌다. 늦어서야 목회를 은퇴하고 모든 행사를 접고 성시와 간증집 쓰기로 단단히 마음을 먹었다. 이것은 하나님의 사명이기 때문이다.

하루에 14시간을 도서실에서 작업을 해나갔다. 나이가 70살이 돼서 장시간 앉아 글을 쓴다는 것은 성령님 도우심이 아니었다면 도저히 할 수 없는 작업이었다. 그리하여 빛을 보게 된, 부족한 글이지만 『나는 누구인가』를 읽는 독자님들에게 영혼을 흔들어 깨우는 삶의 길잡이가 되었으면 간절한 마음으로 기도한다.

간증집을 쓸 수 있도록 도와주신 주신 김상범 경제학 박사님과 수필을 지도해주시는 조영갑 교수님, 서울 시인대학 최병준 학장님, 모든 분들께 이 자리를 빌어 감사를 드린다. 또한 힘들고 어려울 때마다 용기와 힘을 주신 학창시절에 교감선생님이시며 목사님이신 오동식 목사님과 총회장님께 감사를 드린다. 더욱이 물질적으로 후원해 주신 목사님께 진심으로 감사를 드린다. 참으로 고통 가운데서 불가능을 가능케 하여 주신 성령님께도 감사를 드리며 이 모든 영광을 삼위일체 하나님께 돌려드린다.

푸른 도서관에서
이 석 자 목사

차례

제1장

어머니의 독실한 불교신앙

제2장

하나님을 믿게 된 동기

제3장

사춘기의 불신앙

제1장
어머니의 독실한 불교신앙

1. 황혼이 지도록 어머니의 불공

"막둥아, 엄마랑 삼각산 절에 가자!"

"예, 엄마."

교회를 열심히 다니면서도 나는 엄마를 쫓아 절에 따라다녔던 국민
(초등)학교 어린 시절 60년 전으로 돌아가 본다.

어머니는 언제나 새벽 4시면 일어나서 몸을 깨끗이 씻고 불교 성전
을 읽으셨다. 1년 중 절의 행사는 꼭 빠지지 않고 참석했다. 평지는 힘
들어서 잘 못 걸으셔도 절에 가실 때 산에 오르는 것은 바람처럼 날아

가신다. 그런 엄마가 너무 신기하기만 했다. 나도 엄마를 닮아서 그런지 산을 잘 올랐고 무척 산을 좋아했다.

화창한 어느 평화로운 날이었다.

"석자야, 오늘 나와 함께 삼각산 절에 가자! 그 곳에 가면 네가 좋아하는 아주머니도 볼 수 있단다."

내가 가장 좋아 하는 예쁘고 인자하게 생긴 친척 아주머니는 보살이 되어 삼각산에 있는 절에서 사셨다. 절에만 간다면 나는 좋아서 깡충 깡충 뛰었다. 신바람 나서 엄마 손을 잡고 따라 삼각산을 함께 올라갔다. 등산객들은 가파른 거친 돌산을 잘 올라가시는 엄마를 보고 깜짝 놀라며 한마디씩 했다.

"할머니, 할머니는 어떻게 힘도 들지 않게 그렇게 산을 잘 타세요?"

하고 등산객들이 물었다. 그럴 때마다 어머니는,

"음, 나는 평지는 잘 못 걸어도 산은 참 잘 탄다우!" 하고 빙그레 웃으셨다.

나는 누구인가

파란 하늘엔 뭉게구름이 하얀 목련꽃처럼 몽실몽실 피어오르고 있었다. 산기슭은 가을 단풍이 울긋불긋 아름답게 옷을 입혔다. 숨을 몰아쉬고 땀을 뻘뻘 흘리며 등산객들과 엄마와 나는 삼각산 정상까지 올라왔다. 정상에 오르니 저만치 절이 보였다. 엄마와 나는 절을 향해 천천히 걸어갔다. 절에 다다라 오른쪽 편으로 여러 방이 나란히 있는 중에 어느 작은 방 하나를 엄마는 손으로 두들기셨다. 어쩜 아주머니가 혼자서 쓰시는 방 같았다. 친척인 보살 아주머니는 방문을 열고 나오셔서 우리를 반갑게 맞아주셨다. 아주머니는 나를 보고 빙그레 웃으시면서,

"아이고, 우리 막내딸 귀염둥이가 왔네!" 하고 친절하게 반겨 주셨다.

"아주머니, 안녕하셨어요?" 하고 나는 공손히 허리를 굽혀 인사를 드렸다.

친척 아주머니는 얼굴도 예쁘시고 총명하셨다. 마음씨도 참 고우신 분이셨다. 친척 중에 내가 제일 좋아하는 아주머니셨다. 아주머니와 대화를 끝내고 엄마는 내 손을 꼭 잡고 법당에 들어가셨다. 법당을 처음 들어가 보니 오색찬란했다. 벽에는 여러 가지 그림들과 앞에는 황금색으로 물들인 불상들이 쭉 놓여 있었다. 그리고 향불이 켜져 있어 목구멍이 칼칼한 이상한 냄새가 났다. 머리는 빡빡 깎고 회색 옷을 입

었으며 어깨엔 빨간 띠를 걸친 스님들은 불상 앞에서 목탁을 두들기고 있었다.

"똑 똑 똑, 나무아미타불관세음보살."

스님은 목탁을 두드리며 염불을 하고, 이미 불자들도 많이 와서 기도를 하고 있었다. 절에서 기도하는 모습은 교회와는 너무나 달랐다. 전체 분위기도 너무 달랐다. 많은 사람이 마룻바닥에 무릎을 꿇고 엎디었다. 불상 앞에서 두 손을 모았다가 일어서며 손바닥을 하늘 향해 벌였다 내리며 이마에 바닥에 조아렸다. 그렇게 수없이 앉았다 일어났다를 반복하며 절을 하는 것이었다. 교회에 가서 십자가 앞에 두 손을 모아 기도하는 모습과는 너무나 달랐다. 벽에는 온통 그림이 그려져 있었다. 앞에는 큰 불상과 작은 불상들이 많이 놓여 있었다. 내가 입구 문에 기대고 있는 벽에는 이상한 도깨비 같은 그림이 둘이서 칼자루를 들고 있는 벽화 그림도 있었다. 이상한 것은 그러한 그림들을 보면 너무 어려서 무서워 할 텐데 나는 하나도 어색하거나 무섭지가 않았다. 그냥 신기하고 모두가 재미있기만 했다.

맨 뒤 원기둥 벽에 등을 기대고 나는 따로 쪼그리고 앉았다. 사람들이 기도하는 모습과 여러 가지의 불상들이 마냥 신비롭고 새로운 세상에 온 것만 같았다. 내가 다니는 교회와는 모든 것이 너무도 다르기

나는 누구인가

때문이었다. 오랜 시간이 흐르자 사람들은 하나둘씩 기도를 끝내고 돌아갔다. 누군가 문을 살짝 열어 놓고 나가, 저 만치 문틈사이로 밖을 내다보니 해는 어느 듯 뉘엿뉘엿 산마루턱에 걸쳐 저물어 가고 있었다. 하지만 엄마는 그때까지도 열심히 황금색으로 물들인 돌부처님 앞에서 두 손을 합장하며 수없이 절을 하고 계셨다.

"나무아미타불관세음보살."

무슨 소리인지 도대체 나는 알아들을 수가 없었다.
엄마는 그렇게 자식들을 위한 소원기도를 정성을 다하여 드리는 중이셨다.

'자식들이 하도 많아 기도가 남들보다 길구나.' 하고 나는 마음속으로 생각하였다.

황혼 빛은 문틈 사이로 절 마룻바닥까지 들어와 기도하는 엄마의 등 뒤까지 비추었다. 그런데 이상한 것은 많은 시간이 흘렀는데도 전혀 지루함을 느끼지 않는다는 것이었다. 모든 것이 또 다른 세상이 재미있기만 했다. 해가 넘어갈 무렵에야 기도를 끝내고 엄마가 다가오셨다.

"아휴, 우리 막내딸 너무 지루했겠구나!"

하시면서 나의 손을 잡고 나가자고 하셨다. 엄마 손을 잡고 법당에서 나오자마자 절 옆 마당 한가운데 무슨 높은 돌탑이 세워져 있었다. 그곳에 가서도 엄마는 두 손을 합장을 하고 탑을 돌았다.

"나무아미타불관세음보살……"

소원기도를 하는 것이었다. 나는 엄마를 따라서 말없이 두 손을 합장하고 함께 탑을 돌았다. 엄마가 그렇게 자식들을 위하여 불공을 열심히 드리실 때마다 나는 항상 엄마를 쫓아 함께 절에 다니던 생각이 난다. 초등학교 시절부터 교회에서 열심히 일하고 모든 행사에 활동하면서 엄마와 절에 불공드리는 행사에도 빠짐없이 열심히 쫓아다녔다.

2. 산나물 절밥

얼마만큼 탑돌이가 끝나고 어느 아주 큰 절 방으로 들어갔다. 그곳에는 이미 많은 신도들이 와서 왁자지껄 소란스럽게 식사들을 하고 있었다. 아주머니는 그곳에 또 계셔서 엄마와 나를 빈자리를 마련해주며 식사를 챙겨주셨다. 갖가지의 오색 산나물이 큰 상 위에 진수성찬으로 차려있었다. 나는 한 번도 먹어보지도 못한 산나물을 참 많이 먹었다. 보살 아주머니는,

"석자야, 많이 먹어라!"

"네" 하고 공손히 대답을 했다.

아주머니는 나의 머리를 쓰다듬어 주시면서 아주 친절하게 대해 주셨다. 엄마는 이것저것 나물을 집어다가 내 밥 위에다 하나 가득 얹어주셨다. 상 위에 차려져 있는 다양한 산나물들은 색깔도 예쁘고, 음식들이 너무나 맛이 있었다. 절에 음식은 전혀 조미료, 젓갈도 넣지 않는다. 자연 소금만 사용하였다. 생명이 있는 음식은 모두 금하였다. 절에서 주는 산나물은 고기와 생선보다 더욱 맛있었다. 얼마나 맛있게 먹었던지 지금도 그 산나물 절밥이 군침 돌며 머릿속에서 생생하게 기억이 난다. 그렇게 어린 시절에는 교회를 다니면서도 엄마를 쫓아 황혼이 지도록 법당에서 기도하시는 어머니와 함께했다.

3. 106세 어머니와 마지막 임종예배

　그랬던 어머니가 지금은 70세에 개종하시고 기도의 어머니가 되셨다. 그리고 106세까지 매일 새벽 4시면 몸을 깨끗이 씻으시고 새벽 6시까지 기도와 함께 성경을 90독 가까이 읽어 나가셨다. 그러던 중 나중에는 흰 머리가 까만 머리로 변해가고, 눈도 밝아져 쓰던 돋보기도 내동댕이치고 성경을 매일 읽으셨다. 나는 한국에 6개월 이상 살면 호주 영주권이 취소되기 때문에 일 년에 한두 번씩 호주에서 6개월씩 살다가 한국으로 다시 돌아왔다. 호주에서 있으면 어머니가 걱정되어 가끔씩 어머니께 전화를 건다.

　"어머니 건강하세요? 내가 없어서 불편한 것 많지요?"

　하고 어머니께 물으면,

　"아이고, 내 걱정일랑 조금도 말아라. 나는 평안하다. 너나 아프지 말고 건강하거라!"

　하시면서 아주 밝고 낭랑한 목소리로 전화를 받으셨다. 그러나 지금 생각하니 내가 걱정할까봐 어머니는 거짓말 하신 것이었다. 어머니는 내가 없어 많이 쓸쓸하고 외로움을 가지셨다. 자식이 뭔지……　자식 때문에 병든 어머니를 더욱 보살펴 주지 못한 것이 지금까지 내

나는 누구인가

내 마음이 아프고, 어머니를 생각할 때마다 눈물이 난다.

끝내 호주로 아이들과 모두 함께 들어가게 된다고 말씀드렸다. 내가 이제 아주 떠나게 된다니까 어머니는 약간 우울증이 오셔서 웃음이 없어지셨다. 나는 언제나 기도가 호주 떠나기 전 어머니는 나의 품에 안기여 고통 없이 천국 가게 해달라고 간절히 눈물로 기도하였다. 어머니는 8남매 자식 중에 유독 나를 무척 의지하셨기 때문이다. 하나님은 나의 기도를 모두 들어 주셨다. 어머니가 돌아가시기 전날이었다.

"석자야, 우리 예배드리자!"

"예, 어머니."

우린 함께 큰소리로 찬양을 부르며 하나님께 예배를 올렸다. 찬양과 기도를 마친 후, 나는 천국은 질병도 없고 고통도 없는 평강이 넘치는 아름다운 곳이라고 말씀해 드렸다. 그리고 병들고 늙은 모습 이대로 가는 것이 아니라 영체로 바뀌어 아름다운 천사의 모습으로 천국으로 들어가는 것이라고. 엄마와는 이제 마지막이 될 줄도 모르는 시간에 그렇게 24살 때 다녀온 천국 이야기를 해드렸다. 천국의 간증을 들으시고 어머니 얼굴의 모습은 참으로 평화스러우셨다. 그날 새벽 2시 어머니는 나의 가슴에 안긴 채,

"엄마! 사랑해요 우리 천국에서 또 만나요" 어머니를 꼭 끌어안고,

"엄마! 예쁘게 키워주셔서 너무 고마워요."

수없이 막내딸이 사랑한다는 말을 들으시고 어머니는 스르르 조용히 눈 감으시며 평안히 천국으로 가셨다. 어머니께서 예배드리자고 했던 것이 어머니와 나와 함께한 마지막 임종예배가 된 것이다.

어머니는 그렇게 106세가 된 3월에 오고 가는 길마다 벚꽃이 만발할 때 소천하셨다. TV 뉴스에서는 106년 만에 3월에 벚꽃이 핀 것이라고 아나운서가 말했다. 그렇다면 어머니가 태어날 때 3월에 벚꽃이 피었고 천국가시는 날에 또 3월에 벚꽃이 피었다는 것이다. 참으로 신기하고 왠지 마음이 기쁘고 기분이 좋았다. 어머니께 내가 가장 고맙고 감사한 것은 절에서 가져다 여기저기 붙여놓은 부적들을 태우시고 불상도 모두 걷어치우신 것이었다. 예수님 영접하여 하나님을 믿고 마지막의 인생을 어머니는 성령으로 거듭나 TV도 안 보시고 기도와 말씀 속에서만 사시다가 하늘나라에 가신 것이다.

어머니께서 기독교로 개종한다는 것은 도저히 상상할 수도 없는 기적이었다. 하나님은 어머니를 사랑하셨기에 하나님을 믿지 않고는 안 되게끔 모든 환경을 만들어 가셨다. 하나님은 어머니를 사랑하시고 택하신 것이었다.

나는 누구인가

제2장

하나님을 믿게 된 동기

1. 초등(국민)학교 시절

아버지는 일찍이 내가 두 돌 되는 해 6·25전쟁 때 돌아가셨다. 친할머니는 아들 뒤따라 얼마 있다가 돌아가셨다. 그리고 5남 3녀 막내로 홀어머니와 엄격한 호랑이 할아버지 밑에서 10식구 그렇게 대가족이 함께 살았다. 얼마나 할아버지가 무서웠던지 동네 아이들은 우리 집 대문 앞 넓은 마당에서 놀지도 못했다. 내가 초등학교 들어갈 무렵 우리 집은 초가집을 허물고 아주 큰 기와집을 새로 짓고 가족들은 그렇게 어려움 없이 잘 살았다. 그 시절은 가난한 시절이었지만 우리 집은 그렇지 않았던 것으로 기억된다.

큰언니는 이화여자 대학교 기숙사 사무실에서 근무하여 나를 이화여자대학교 사범대학 부속국민학교에 입학시켰다. 나는 학교 이름이 하도 길어 못 외우면 시험에 떨어질까 봐 한참 외우고 초등학교에 입학하던 일이 생각난다. 토끼와 거북이가 그려진 가죽가방을 메고, 샌들 구두에 레이스로 장식한 예쁜 원피스를 입고 다녔다. 사립국민학교에 다니는 것은 동네에서 나 하나밖에 없었다.

그 시절만 해도 우리나라는 경제적으로 어려운 때였다. 내가 초등학교에 다녔을 때, 다른 아이들은 흰 고무신과 검정 고무신을 신고 다녔다. 책은 보자기에 싸서 허리에 메고 다닌 아이들도 많았다. 식량이 부족하여 배고픈 가정들도 많았다. 전쟁 때 부모와 자식을 잃어 거리엔 고아들과 또한 더러운 보따리를 두 손으로 꼭 움켜쥔 채 가슴에 안고 한쪽 머리 위엔 꽃을 달고 괜히 실실 웃으며 돌아다니는 정신이 온전치 못한 여자들도 많았다.

어려서 가장 무서웠던 기억은 그 시절엔 왜 그리 문둥병환자들이 많았는지, 말 안 들으면 문둥이가 망태기에 담아 잡아간다는 말에 엄청 무서웠던 기억이 난다. 전쟁 때 다리와 팔이 잘려나간 상이군인 아저씨들이 군화를 신고 저벅저벅 집으로 들어왔다. 그리고 오른 손이 없어 쇠갈고리 모양으로 만들어진 손으로 깡통을 마구 두들기며 땡깡(고집)을 피우고 밥을 얻으러 왔다. 나는 그 아저씨들이 제일 무서웠다. 우리 옆집에는 자녀들이 9명이나 됐는데, 식량이 없어 아이들이 배고파할 때, 엄마는 호랑이 할아버지 몰래 쌀을 퍼다 주시는 것을 보았다. 어린 나이였지만 엄마가 참 인정이 많고 착하고 좋으신 분이라 생각했다.

참으로 가난한 우리나라 옛 시절들을 글로 써나가니 마치 영화의 한 장면이 머릿속에 뭉게구름처럼 피어오른다. 무척 가난한 시절들이 었지만 그래도 낭만이 있고 철학이 있으며 인심은 지금보다 좋았던 것으로 느껴진다. 이른 새벽이면 교회 종소리가 마을 아낙네들 깨우고, 주일이 되어 교회를 가면 인자하신 목사님의 다정한 목소리와 친절한 미소…… 정말 아름다운 시절이었다. 하지만 지금은 청소년들은 목적 의식이 뚜렷하지 않다. 그래도 옛날엔 전쟁으로 인하여 가난하고 어려워도 아이들에게 소원을 물으면 소박하고 꿈이 컸다.

"너는 커서 뭐가 될래?"

"대통령이요, 의사요, 과학자요, 장관요, 공군요, 나는 바다를 항해하는 선장이 될 거예요."

그 시절이 비록 가난했어도 꿈들은 컸다. 지금은 어른이나 아이나, 종교 성직자들이나, 오직 돈! 세상 사람들이 온통 머릿속에는 돈밖에 없다. 돈이면 무엇이든 해결이 된다는 착각 속에서 살아간다.

그 당시에 비해 지금은 경제가 부유해지고 문화는 발달되어 모든 것이 편리하고 살기는 퍽 좋아졌으나, 사회는 살벌하고 강퍅해졌으며, 정서적이고 새벽 종소리에 아름다웠던 교회의 목사님들은 사라졌다. 이제는 성령이 충만한 것이 아니라 교만이 충만해서 주위에는 비서들이 깔려 큰 교회에 목사님들은 만나기가 무척 어려워 하나님 자리보다 더 높은 곳 위에 있다. 그래서 큰 교회 목사님 만나는 것보다 지금은 하나님을 직접 만나는 것이 더욱 쉽다.

초등학교에 들어가면서 나는 교회에 열심히 다녔다. 학교가 크리스천 학교였기 때문이었다. 그 학교는 유치원부터 대학교까지 기독교 김활란 박사 재단이었다. 대체로 독신이 많았다. 담임선생님도 교장선생님도 독신, 김활란 박사도 모두 독신주의 신앙이었다. 나는 학교에서는 하나님 감사합니다, 할렐루야를 외쳤는데, 집에 오면 어머니께서 절에서 스님한테 받아온 부적들이 방문 위에 여기저기 붙여져 있었다.

정월 초하루면 절에서 부적을 잔뜩 사오시어 자녀들 가슴에다 노란색 작은 리본으로 접은 부적을 넣고 다녔다. 어머니의 독실한 불교신앙 속에서 그렇게 신앙생활을 하였다. 나는 초등학교에 들어가면서부터 열심히 교회를 다녔다. 엄마는 내가 하도 열심히 다니니까 한집에 두 신을 섬기면 집안이 망한다며 성경책을 내동댕이치곤 했다. 그래도 크리스마스가 되면,

"엄마, 교회 무대 위에서 나 무용해요. 무용하는데 흰 옷이 있어야 돼요."

막내딸이 교회 무대에서 노래도 하고 무용을 한다니까 '고요한 밤' 무용할 때 입을 흰 옷을 손수 만들어주셨다(어머니가 손수 흰옷을 만들어 주신 옷이 목사 옷이었나 생각해 본다). 크리스마스 저녁 예배에 딸이 '고요한 밤' 무용하는 것을 보시려고 교회를 처음으로 한번 나오신 것이 생각난다.

이렇게 나의 초등학교 시절은 엄마 따라 절에도 다니고 교회도 열심히 다녔다. 결국 김활란 박사는 기독교 학교를 세우셔서 내가 부속 국민학교를 통하여 하나님을 믿게 되었고 어른이 되어 목사가 되었다. 결국 한사람을 통하여 우리 집 가족 모두 구원케 하신 것이다.

2. 사과를 훔친 사건

지금으로부터 60년 전 초등학교 3학년 때 일이었다. 나는 담임선생님을 무척 사랑했다. 담임선생님은 마치 어머니같이 사랑이 많은 분이셨다. 그런 선생님을 위해 착한 일을 한다는 것이 그만 나에게는 커다란 상처로 남게 되었다. 아직까지도 한쪽 가슴에 잊을 수 없는 사건으로 남아있다.

나는 어려서 아버지 얼굴도 모르고 자랐지만 평화롭게 부족함 없이 초등학교를 즐겁고 행복하게 다녔다. 그러던 어느 따뜻한 봄날이었다. 학교에 외국손님들이 오신다고 교실마다 시끌벅적했다. 우리 초등학교는 가끔 외국 손님들이 오셨다. 그것은 한국 어린이들은 어떻게 교육을 시키는가 하고 외국에서 방문하러 오는 것이었다. 한국에서 가장 최초로 좋은 기독교 사립국민학교였기 때문이었다. 외국 손님들이 방문할 때는 간식도 풍성했다. 수업시간에 외국손님들이 들어오시면 우리는 일제히 일어나 손을 흔들며 노래를 부른다.

"헬로우! 헬로우! 헬로우! 아이참 반갑습니다. 아이참, 반갑습니다."

그러면 외국 손님들은 함박웃음을 지으면서 박수를 치며 우리들의 인사를 받는다. 그날도 담임선생님께서는 우리 학교를 방문하러 오신 노랑머리 외국손님들을 맞으시고 사과 한 상자를 교실로 가지고 들어오셨다. 분단별로 앞자리부터 모두 한 개씩 나누어 주셨다. 우리들은 소리를 지르며 좋아했다. 사과를 받아서 먹고 쉬는 시간이라 밖으로 모두들 뛰어 나갔다. 쉬는 시간 끝나는 종소리가 나서 교실로 들어오니 한 학급친구가 책상에 앉아 혼자서 울고 있었다. 담임선생님이 들어오시자 자리에서 벌떡 일어나 철수는 울면서,

"선생님! 누가 내 책상 위에 놓은 사과를 훔쳐 갔어요."

울먹이면서 큰 소리로 말했다. 철수는 사과를 먹지 않고 책상 위에 놓고 나가서 놀다가 들어왔다. 책상 위에 놓았던 사과를 다른 어린이가 몰래 먹어버린 것이다. 선생님은 빙그레 웃으시면서,

"어휴, 우리 철수가 많이 속상했겠구나. 수업이 끝나면 선생님이 하나 더 줄게요. 그리고 철수의 사과를 가져간 어린이는 종례시간에 선생님께 잠깐 남아야 돼요."(이름이 기억이 안나 철수는 가명)

종소리가 울리자 수업이 끝났다. 즐거운 종례시간이 돌아왔다. 담임선생님이 교실로 들어오시자 교단에 서서 학급어린이들에게 모두 두 눈을 감으라고 하셨다.

"모두들 두 눈을 감으세요. 그리고 오늘 쉬는 시간에 철수의 사과를 가져간 어린이는 조용히 오른 손을 반만 드세요. 다들 눈을 감아서 보는 사람은 아무도 없어요."

하고 선생님이 말씀하셨다. 종례시간이라 떠들썩했던 교실은 갑자기 조용해지면서 침묵이 흘렀다. 시간이 흘러가도 손을 드는 어린이는 없었다. 그러자 선생님은 침묵을 깨고 또 말씀하셨다.

"아무리 잘못한 일이 있어도 선생님께 솔직하게 철수의 사과를 가

저간 것을 고백 하면 하나님도 용서해 주시고 선생님도 용서하셔요. 그러나 속이고 거짓을 감추는 일은 하나님도 용서하시지 아니하시고 선생님도 용서할 수 없어요."

또다시 교실은 쥐죽은 듯 침묵이 흘러갔다. 선생님은 다시 말을 이어서,

"사과를 가지고 간 어린이가 나올 때까지 선생님은 모두 집으로 보내지 않을 거예요."

조금은 화가 나는 듯한 목소리이셨다. 죽은 듯 조용한 긴 시간이 흐르자 여기 저기 한마디씩 투덜투덜 거리며 아이들은 속삭였다.

"도대체 누구야, 왜 빨리 손을 들지 않는 거야 지루해 죽겠네."

조금씩 웅성웅성 떠들썩하기 시작했다. 나는 실눈을 뜨고 창밖을 내어다 보았다. 교실 창밖에는 신촌역이 바라다 보이며 어느새 산등성위엔 저녁노을이 붉게 물들기 시작했다. 기차는 까만 굴뚝으로 검은 연기를 내뿜으면서,

"떽~ 칙칙폭폭! 칙칙폭폭!"

❖

기차는 요란하게 소리 지르며 황혼 속으로 쏜살같이 사라진다. 나는 속상해 할 선생님이 불쌍해졌다. 무척 선생님을 사랑했기 때문이다. 담임선생님은 나에겐 따뜻하고 어머니 같은 분이셨다. 마음속으로 생각했다.

'내가 손을 들자! 그러면 선생님도 빨리 퇴근하신다. 50명 학급반 아이들도 일찍 집으로 돌려보내 주어서 좋고, 또 사과를 훔쳐간 아이는 가져가지도 않은 사과를 저 대신 손을 들어 주니 더욱 미안함을 갖고 잘못을 뉘우칠 것이 아닌가? 나 한 사람만 손을 들어주면 선생님과 많은 아이들이 이 지루함에서 벗어나 마음이 즐겁고 모두 평안해질 것이야!'

생각하면서 눈을 뜨고 훔쳐가지도 않은 사과를 선생님 말씀대로 나는 오른손 반만 들고 말았다. 선생님은 나에 대해 영문도 모르는 채 그제야,

"이제 모두들 눈을 뜨고 집으로 돌아가고 손을 든 어린이만 남아서 선생님에게 오세요."라고 말씀하셨다.

아이들은 선생님 말씀이 끝나자마자 큰 소리로 아우성들을 치며 난리다.

"아휴! 누군데 이렇게 늦게 손을 드는 거야!"

모두들 투덜대면서 가방을 후다닥 챙기고 교실 밖으로 우르르 몰려들 나갔다. 나도 가방을 챙겨 메고 학교를 빠져나와 신촌역 있는 데로 향하여 나갔다. 그리고 고개를 좌우로 살핀 후 아이들이 다 돌아가자 나는 다시 학교를 향하여 개선장군이라도 되는 듯이 교실로 들어왔다. 그것은 마음속에 내가 착한 일을 했다고 생각했기 때문이었다.

텅 빈 교실에 담임선생님은 책상 위에 앉아서 조용히 나를 기다리고 계셨다. 교실 문을 열고 들어오는 나를 보고 너무나 뜻밖에 일이라 의아한 표정을 지셨다. 그럴 만도 하셨다. 선생님은 누구보다도 더욱 예뻐해 주시었고 착하다고 무척 사랑해 주셨기 때문이었다. 선생님은 나를 보시고 조금은 놀란 듯,

"아니, 석자야. 네가 철수 사과를 몰래 가져다가 먹었니?"

"네, 선생님 먹고 싶어서 제가 먹었어요."

물으시기에 나는 먹지도 않은 사과를 어떻게 말해야 좋을지를 몰라 민망한 표정으로 그냥 먹고 싶어서 먹었다고 말씀드렸다. 선생님께서는 그렇게 사랑해 주셨는데 실망을 시켜드려 나는 너무나 죄송했다.

❖

선생님은 나에게 말씀하셨다.

"석자야, 남의 물건을 몰래 훔친다는 것은 아주 나쁜 일이란다. 그 작은 것이 아무것도 아닌 것 같지만 옛말에 바늘 도둑이 소도둑이 된다는 말이 있단다. 그래서 아주 작은 것일지라도 남의 물건에 몰래 손을 대는 것은 아주 나쁜 일이란다. 그러나 석자는 그 작은 부끄러운 일을 선생님께 용기를 내서 솔직하게 고백하였기 때문에 하나님도 용서하셨고 선생님도 용서한다. 앞으로는 절대로 남의 물건에 손을 대면 안 된다 알겠지?"

나는 너무나 겸연쩍었다. 남의 것을 몰래 훔치지도 않고, 내가 철수의 사과를 먹은 것도 아니기 때문이다. 나는 그냥 선생님께,

"네" 하고 대답을 하였다.

선생님은 이어서 말씀하시기를,

"석자야, 다음엔 사과가 더 먹고 싶을 때는 선생님께 꼭 말하거라! 그러면 선생님은 언제나 더 먹고 싶은 어린이에게는 얼마든지 준단다."

라고 말씀하셨다. 나는 또,

"예" 대답을 하고 선생님께 부탁의 말씀을 드렸다.

"선생님, 그런데 선생님께 부탁드릴 말이 있어요." 선생님은,

"응, 그래. 무슨 말인데 해보렴."

선생님은 고개를 갸우뚱하시면서 나에게 물으셨다.

"선생님, 오늘 사과 훔쳐 먹은 일은 우리 부모님께 말씀하지 말아주
세요."

라고 고개를 숙이면서 선생님께 말씀드렸다. 선생님께서는,

"음 그래, 그러마. 내가 절대로 부모님께는 꼭 비밀로 하마. 걱정하
지 마라."

선생님은 웃으시면서 꼭 나와 약속을 지키시겠다고 머리를 쓰다듬
어 주시었다. 나는 혹시나 훔쳐가지도 않은 사과를 부모님한테까지
전할까봐 은근히 걱정이 되었다. 선생님과 약속을 단단히 하고 나니
마음이 홀가분하고 편해졌다. 왠지 기분이 좋았다. 선생님은 다정하
게 나의 등을 두들기시면서 이제 집에 돌아가도 된다고 말씀하셨다.

텅 빈 교실에 선생님은 혼자서 책상에 앉으신 채 인사를 하고 교실을 나오니 나의 뒷모습을 보고 계시는 선생님께, 나에 대하여 실망을 시켜드린 것이 너무나 미안하고 죄송하였다. 참으로 착하고 사랑스럽게 생각하였던 어린이가 그런 불순한 행동을 하였을까? 실망을 하실 것 같은 선생님의 마음을 생각하니 자꾸만 마음이 아프고 눈물이 핑 돌았다. 그러나 나는 가방을 메고 집으로 향하여 기분이 좋아 신나게 뛰었다. 나는 많은 학급 친구들과 또 사과를 훔쳐 먹은 친구와 선생님께 오늘 아주 착하고 훌륭한 일을 했다고 생각했기 때문이었다.

(목사안수를 받고 꼭 학교를 찾아가 교장선생님께 모든 말씀을 드리고 초등 3학교 때 잊어버리지도 않는 그 이름 허병렬 여자 담임선생님을 꼭 찾아뵙고 싶었다. 그래서 선생님께,

"역시 내 사랑하는 제자였구나! 그러니 목사가 되었지. 그럼 그렇지 미안하다. 그런 것도 모르고 너와 약속을 지키지 못하여 상처를 주었구나!"

라고 오해를 풀고 칭찬을 듣고 싶었다. 목사를 은퇴를 하고 70이 된 지금의 마음도 아직도 한 구석에 남아 언젠간 찾아뵙고 사과 사건을 고백을 해야지 라는 마음이 지워지지를 않는다. 지금은 연세가 많아서 살아계실까? 돌아가셨을까? 너무 궁금하다. 이 책이 출판되면 책을 들고 모교를 찾아가 교장선생님이라도 만나서 꼭 고백하려 한다.)

3. 싸릿가지 회초리

하지만 누군가 철수의 사과를 훔쳐간 사건은, 나는 선생님과 학급 친구들과 철수의 사과를 훔쳐 먹은 친구 모두에게 좋은 일 한다는 것이 그만 평생 씻을 수 없는 상처로 남게 되었다.

드디어 즐거운 여름방학이 돌아왔다. 담임선생님께서는 마지막 학과를 마치시고 종례시간이 되었다. 한 학기동안 공부한 성적표를 각자 모두에게 나누어 주셨다. 나는 즐겁게 성적표를 받아들고 신바람나게 집으로 뛰어왔다. 둘째오빠는 막내오빠와 나에게 성적표를 가져오라고 하였다. 둘째오빠는 아버지 역할을 하였다.

아버지는 6·25전쟁 때 돌아가실 때 나는 두 살이었다고 한다. 아버지의 얼굴을 전혀 모르고 살아왔다. 사진조차도 불이나 모두 타버렸기 때문이다. 그리고 장애자인 첫째오빠는 아장아장 기어 다닐 때 높은 사랑채 마루에서 떨어져 뇌를 다쳐 말을 잘 못하는 정신 질환과 간질병이 생기게 되었다고 어머니께서 말씀해 주셨다. 할아버지와 할머니는 여기저기 백방으로 뛰어다니며 큰오빠를 데리고 아무리 훌륭한 의원들을 찾아다니면서 고치려 애를 써보았지만 결국 큰오빠의 병은 고치지 못하였다고 하셨다. 그래서 둘째오빠가 가장 역할을 하게 되었다.

(그러나 훗날 장애자 오빠는 어머니와 함께 교회를 다니면서 간질병 고침을 받았다. 목사님께 안수해서 기도 받고 치료받은 것이 아니었다. 큰오빠는 교회 다니는 것을 무척 즐거워하고 좋아했다. 교회를 다니면서 하나님께서 직접 치료해 주신 것이다. 하나님은 살아 역사하시는 하나님이시다.)

막내오빠와 나는 성적표를 둘째오빠에게 갖다 주었다. 성적표를 한참 본 뒤에 막내오빠는 됐다면서 나가 놀아도 된다고 했다. 심각한 표정으로 둘째오빠는 나를 쳐다보았다.

'오빠가 왜 저런 얼굴 표정으로 나를 볼까, 성적이 나쁜가?'

하고 마음속으로 생각했다. 좀처럼 말이 없는 둘째오빠는 묵묵히 있다가 한참 만에 입을 열었다.

"석자야, 내 말 잘 들어라! 네가 오빠가 묻는 말에 솔직하게 말하면 나도 너에게 야단을 치지 않는다. 그러나 내가 묻는 말에 거짓말을 할 때는 회초리를 들 수밖에 없다."

라고 심각하게 말했다. 나는 오빠가 왜 그런 말을 하는지를 몰라서 아무 말도 하지 않았다. 학교에서 성적표 받아서 자세히 보지 않았기 때문이었다. 오빠는 또 말을 이어서,

❖

"석자야, 너 학교에서 무슨 불순한 행동을 한 일이 있었느냐?" 하고 물었다.

"아니 학교에서 나쁜 행동한 일이 없는데?" 라고 말했다.

오빠는 자꾸만 달래면서 계속 반복하며 말했다. 나도 계속 반복해서 그런 일이 없었다고 말했다. 오빠는 이제 화가 잔뜩 나서,

"우리 집엔 다른 것은 몰라도 거짓말하는 것은 절대로 용서 못한다. 네가 지금이라도 솔직히 말하면 오빠가 용서해 줄 수 있지만 끝까지 거짓말을 하게 되면 오빠도 용서 못한다. 네가 잘못한 일이 없는데 성적표에 왜 불순한 행동이 적혀 있느냐?"

도대체 무슨 잘못을 학교에서 내가 저질렀는지 도무지 생각이 나지 않았다. 그래서 나도 둘째오빠한테 끝까지 잘못한 일이 없다고 말했다. 결국 오빠는 화가 있는대로 잔뜩 나서 큰소리로 막내오빠를 불렀다.

"화석아! 거기 마루 밑에 싸릿가지 뭉쳐놓은 것을 가져 오너라."

둘째오빠는 막내오빠한테 방안이 떠내려가라 소리를 질렀다. 막내오빠는 마루 밑에서 싸릿가지 뭉치 들고 내 눈치를 슬슬 보면서 둘째

나는 누구인가

오빠 앞에다 슬며시 갖다놓고 꽁지가 빠져라 하고 방문을 닫고 나갔다. 둘째오빠는 뭉쳐놓은 싸릿가지를 풀어놓고,

"종아리 걷어, 그리고 댓돌 위에 올라가!"

오빠는 목청이 터져라 하고 소리를 크게 질렀다. 댓돌은 엄마가 이불빨래하시고 풀을 매겨서 다듬질 하시는 아주 반질반질 다듬잇돌이었다. 난 이유도 모르는 채 댓돌 위에 올라가 옷을 걷어 올렸다. 오빠는 아주 가느다란 나무 싸릿가지 회초리로 마구 때리기 시작하였다.

"이래도 바른대로 말 안 할 거야?"

오빠는 무척 화가 나있었지만 도무지 무엇 때문에 맞는지를 몰랐다. 나는 종아리가 너무 아파 울음을 그만 터트리고 말았다.

"엉! 엉! 엉!"

큰 소리로 울면서 절대로 학교에서 잘못한 일이 없다고 말하였다. 오빠는 더욱 화가 나서 사정없이 종아리를 회초리로 내리 쳤다. 싸릿가지는 계속 부러져 나갔다. 그러면 또 새로 싸릿가지를 집어 들고 종아리를 마구 때렸다. 난 너무 아파서 울기도 했지만 이유 없이 맞는

두 다리가 너무 억울하고 분통이 터져 더 크게 소리소리 지르며 통곡하며 울었다. 이렇게 억울하게 맞기만 할 것이 아니라 좀 생각을 해보아야겠다고 울면서도 마음속으로 정신 좀 차려 생각했다.

'도대체 내가 학교에서 무슨 잘못을 하였기에 선생님께서 성적표에 불순한 행동이라고 기록을 하셨을까?'

매를 맞으면서 잠시 머리가 터져라 하고 생각을 해보았다. 그런데 갑자기 초능력처럼 문득 생각이 떠올랐다.

'아! 사과 훔친 사건. 누군가 철수 사과를 훔친 일 그래 맞아 그 사과다!'

생각이 났다. 하지만 선생님께서 분명히 가정통신란에 사과 훔친 사건을 기록하지 않겠다고 나와 약속을 굳게 하셨기 때문에 당연히 약속을 지키실 줄만 알고 생각을 담아두지 않았다. 왜냐하면 선생님들은 거짓말을 안 하시고 약속을 꼭 지키시는 분이라고만 생각했기 때문이었다. 그래서 그날의 일들은 아주 까맣게 잊어버리고 있었다.

그러면 둘째오빠한테 생각이 떠오른 것을 자세히 이야기 해주었으면 오빠가 너무나 미안해하고 칭찬해주었을 것이다. 당장 학교에 뛰어가서 상세한 이야기를 선생님께 말씀드렸을 텐데…….

오빠가 상세한 이야기를 들려드리면 선생님은 또 나에게 얼마나 미안에 하셨을까. 학급아이들한테도 나의 착한 일을 말씀도 하시고 더욱 뜨거운 사랑을 받았을 것이 아닌가!

하지만 나는 생각이 났어도 끝까지 오빠에게 말을 하지 않았다. 왜냐 하면 싸릿가지로 다 맞은 끝이었기 때문이었고 또한 나의 자존심도 너무나 왕창 무너졌기 때문이었다.

지금 말한다고 해서 여태껏 오빠에게 피 맺히도록 맞은 상처가 없어질 일도 없다. 또한 선생님이 너무나도 괘씸했고 분하고 모두가 미웠다. 나는 애쓰고 수고하시는 선생님을 위해 일찍 퇴근 시켜드리고 싶어 했다. 학급어린이들을 위해 빨리 집으로 돌려보내 주고 싶어 했다. 사과를 훔쳐 먹은 아이에게는 잘못을 더욱 뉘우치게 하려고 하였다.

훔쳐가지도 않은 사과를 내가 가져갔다고 모두를 위하여 손을 들어 희생을 했는데, 이런 마음도 모르는 선생님은 어린제자와 약속을 지키지 못했다. 싸릿가지도 거의 다 부러지고 종아리는 피멍이 맺히다가 못해 결국 두 종아리에는 피가 터져 흘러내렸다. 피가 터진 종아리에 더 이상 싸릿가지 회초리로 때릴 수가 없었다. 오빠는 너무 화가 나는 나머지,

❖

"어휴 지독한 년!"

싸릿가지 회초리를 집어 던져 버리고 방문을 세게 '쾅!' 닫고 나가버
렸다. 그리고 그 싸릿가지 매는 일생에 처음이자 마지막이 되었다. 그
뒤로는 한 번도 회초리로 때린 적이 없었다. 오빠도 무척 마음이 아팠
던 것 같았다. 친척들에게 항상 친절하고 인사성이 밝다고 칭찬을 받
아 귀여움과 사랑을 어려서부터 많이 받았다. 그리고 부모를 공경해
별명이 심청이었다. 그런 사랑스런 동생을 종아리가 피가 맺혀 터지
도록 때렸으니 오빠의 마음도 몹시 아팠을 게다.

4. 신촌 바람산

바람산은 우리 마을이 한눈에 바라다 보이는 낮은 산이었다. 마음
이 답답하면 바람산에 올라 자연과 함께 지내는 마음의 위로가 되어주
는 에덴동산이 되어주었다.

사과 사건을 통해서 오빠에게 매를 맞은 뒤로부터는 가족들과 나는
말이 없어졌다. 존경하고 그렇게 사랑하던 선생님은 나와의 약속을
지키지 않아 너무나도 선생님이 미워졌고 공부도하기 싫어졌다. 즐

겁고 행복했던 학교생활들이 다 깨져버려 학교도 가기 싫었다. 아침에 일어나면 엄마한테는 학교에 간다고 말씀드리고, 학교 가는 길목을 지나 신촌역 맞은편에 있는 바람산에 매일 같이 올라갔다. 바람산 꼭대기 정상까지 올라가면 바로 눈앞에 신촌역이 바라다 보인다. 그 너머로 우리 학교가 보이며 내가 살고 있는 마을도 한눈에 다 보인다. 나는 매일 같이,

"어머니 학교에 다녀오겠습니다." 하고

바람산 꼭대기 정상에 올라가 바위를 돌베개하고 학교 끝날 무렵에서야 옷을 툭툭 털고 일어난다. 저 멀리 아이들이 학교 문밖으로 쏟아져 나오는 것을 바라본다. 그때서야 가방을 다시 메고 산을 내려와 집으로 돌아온다. 산에만 올라가면 우울했던 마음이 평안해 지고 답답했던 가슴 속이 아주 후련해졌다. 바위틈 사이로 보랏빛 제비꽃과 예쁜 할미꽃, 그리고 세 잎 크로버와 하얀 꽃반지, 그 반지꽃을 만들어 가운데 손가락에 끼고 두발을 하늘로 쳐들어 벌러덩 드러 누었다. 한숨을 크게 내몰아 쉬면서 뭉게구름 피어오르는 파란 하늘을 바라본다. 신촌에 있는 바람산은 나의 상처를 치료해 주는 아름다운 에덴동산이 되어주었다.

5. 자연을 사랑하게 된 동기

　나는 사과 사건으로 인해 홀로 있는 것을 좋아하게 되었고 사람을 멀리하고 바람산을 통하여 자연과 가깝게 친해진 동기가 되었다.

　아침마다 "어머니 학교에 다녀오겠습니다." 하고 오늘도 동네 바람산에 올라갔다. 하얀 뭉게구름이 송이송이 피어오른다. 시원한 바람은 옷깃을 지나 겨드랑 속으로 스쳐가고, 호랑나비, 노랑나비, 흰나비들은 내 곁을 맴돈다(지금은 그 예쁜 나비들이 다 어디로 갔을까?).

　'너무나 평화롭다. 나는 이 순간이 너무 행복하다.'

　자연이 이처럼 내 마음과 하나가 되어 보기는 처음인 것 같다. 나는 사랑스럽고 아름다운 자연들이 친구와 같이 가깝게 느껴졌다.

　'그래 자연은 진실해 자연은 거짓이 없어, 자연은 그 모습 그대로 숨김없이 드러내 보인다. 때문에 자연은 아름다운 것이야, 자연은 죄성이 없으니까. 그러나 인간은 믿을 수 없는 존재야, 사람들은 자기의 편리한 데로 지껄인다. 자연은 한가지의 진실한 모습이지만 사람은 두 마음이 있어 두 말을 하고 두 가지의 모습을 나타낸다. 거짓과 진실. 그러나 자연은 저 모습 저렇게 그대로 일뿐이야! 때문에 자연은 아름답고 사랑스러운 것이야, 진실하니까. 그러나 인간은 수시로 마음이 변하기 때문에 자연보다 아름답지가 못한 것이지.'

나는 바람산 꼭대기에 드러누워 흰 구름 피어오르는 파란하늘 바라보며 그렇게 혼자서 중얼거렸다. 해는 산중턱에 걸쳐 노을이 서쪽 하늘을 붉은 보랏빛으로 아름답게 물들이고 있었다. 신촌역을 지나가는 기차는 가끔씩 까만 연기를 내 뿜으며 황혼 속으로 꼬리를 감춘다. 그렇게 넋을 잃고 자연에 심취하다가 멀리 학교를 내려다보았다. 아이들은 벌써 종례시간이 끝나 다 가버렸는지 학교 운동장은 텅 빈 채 조용하게만 느껴졌다. 멍청하게 명상에 빠져 있다가 텅 빈 학교운동장을 보고 그때서야 정신없이 옷을 털고 가방을 어깨에 메고 황혼을 등진 채 산기슭을 내려와 헐레벌떡 뛰어 집으로 돌아왔다. 집에는 나 때문에 또 큰 일이 벌어졌다. 엄마는 내가 돌아오기만 벼르고 있었던 것 같다. 숨이 가쁘게 집에 들어서자마자 엄마는,

"너 지금 어디를 갔다 온 것이냐?"

소리를 버럭 지르며 화가 잔뜩 나셨다. 나는 엄마가 눈치를 챈 것 같아 아무 말도 하지 않았다. 엄마는 또다시,

"아니 저년의 계집애가 요즘에 왜 이렇게 내 속을 썩이는 것이야!

정말 속상해 죽겠네, 너 학교에서 통지서가 날아 왔어 요즘 학교에 왜 안나 오냐고. 학교를 간다고 아침에 인사는 해놓고 나가서 도대체 너는 매일같이 온종일 어디를 쏘다니다 오는 것이냐?"

엄마는 동네가 떠나가라 소리 소리를 지르셨다. 엄마가 너무나 속상해 하시는 것을 보니까 눈물이 핑 돌아 가슴팍으로 눈물이 뚝뚝 떨어졌다. 엄마는 내가 말없이 우는 모습을 보시고 더 화가 나셔서 말씀하셨다.

"울긴 왜 울어 뭘 잘했다고."

"엄마, 잘못했어요. 내일부터 학교에 나갈게요."

나는 엄마한테 잘못했다고 말하고 내일부터는 학교에 나가겠다고 말씀드렸다. 그 뒤로는 학교가면 아예 공부하는 책들을 모두 덮어버렸다. 수업시간이면 언제나 오른손은 턱을 고이고 교실 창밖만 내어다 보았다. 교실 왼쪽 창밖에는 멀리 보이는 신촌역과 자갈이 깔린 철로 길이 보인다. 가끔씩 칙칙! 폭폭! 소리 지르며 기차는 왔다가 시커먼 연기를 내뿜으며 굴속으로 사라진다.

가끔씩 신촌역에 기차가 도착을 하면 많은 사람들이 줄지어 기차를 타고 또 많은 사람들이 내린다. 짐 보따리를 잔뜩 머리에 지고 가는 꼬부랑 할머니. 기차 놓칠까봐 손을 꼭 잡고 뛰어 가는 어린 아이와 엄마. 또 지팡이 들고 모자를 쓴 멋쟁이 할아버지는 기차에서 내리시면서 철로다리를 유유히 점잖게 건너가는 모습. 기차를 타고 내리는 모든 사람들을 물끄러미 바라보며 깊은 생각에 잠긴다.

'저 많은 사람들은 도대체 무슨 생각 속에서 어디를 향해 가는 것일까? 저 열차 속에는 그 누군가와 이별한 슬픈 사람과, 또 만나서 기쁜 사람들도 있겠지?'

기차는 많은 사람들을 내려놓고 또다시 많은 사람들의 사연을 싣고 떠난다.

나는 창밖을 내다보며 무엇인가 깊은 명상에 빠진다. 그러면 갑자기 분필이 내 책상머리 앞에 날아온다.

"이석자, 너 어디를 또 보고 있는 것이냐?"

언제나 오른손을 턱에 괸 채 창밖만 물끄러미 쳐다보는 나의 모습을 보시고 선생님은 큰 소리로 또 꾸지람 하신다. 그러면 일제히 아이들의 시선은 약속이나 한 듯 모두들 나에게로 향한다. 누군가 사과를 훔친 사건을 통해서 나는 그렇게 공부를 덮은 채 초등학교 시절은 늘 등수는 꼴찌 아니면 꼴찌에서 두 번째였다. 그래서 학교생활에 취미가 없어져 마음이 늘 외롭고 쓸쓸하게 학교를 다녔다. 동래 아이들이 부러워하는 그 좋은 초등학교 시절을 약속어긴 선생님에 대한 상처가 그렇게 아프게 보내게 되었다.

이렇게 해서 초등학교 3학년 때부터 자연을 사랑하게 되었고 사람들을 그때부터 별로 신뢰하지를 않았다. 나의 인생의 전부이다시피 70이 된 지금까지도 사람보다 자연은 가장 가까운 친구가 되었다. 자연을 친구처럼 가깝게 사랑하게 되면서 혼자 있는 버릇은 명상과 사색 그리고 홀로 여행을 즐겨하게 되었다. 그러나 자연을 사랑하고 외롭고 고독했기 때문에 나는 하나님을 만날 수가 있었다.

제3장
사춘기의 불신앙

1. 교회를 떠나다

나는 초등학교 때 열심히 교회를 다녔다. 학교생활보다도 훨씬 재미있었다. 교회에서는 성실하고 착하다고 인정을 받았고, 성가대 지휘자 선생님이나 목사님께서도 따뜻한 사랑이 넘치셨다. 교회생활은 즐겁고 너무 행복했다. 전교회 찬양대회가 있으면 항상 우리 신현장로교회가 1, 2등을 하여 상을 타왔다. 교회에선 교우관계도 좋고 활동을 많이 하였다. 하지만 내가 하나님에 관해 알아서 열심히 다닌 것은 아니었다. 어려서는 다만 착한 일 하면 천국 가고 나쁜 일 하면 지옥을 간다는 것 외에는 하나님에 대해서 아무것도 알지 못했다. 무조건 하나님 믿었을 때는 나의 교회생활은 너무 행복했다.

그렇게 초등학교 시절은 교회에서만 즐겁게 보내면서 중학생이 되었다. 마치 누에고치가 허물을 벗고 나비로 날아가려는 시기가 돌아왔다. 이제 성장기에 들어서려는 예민한 사춘기 시절을 맞은 것이다. 남달리 감수성이 예민하여 혼자 사색과 명상시간은 점점 더 많이 갖게 되었다. 저녁 예배가 끝나고 성가연습을 마치면 성가 복 가운과 악보 정리를 하고 연세대학교 캠퍼스 뒷산을 혼자서 밤에 걸으며 그렇게 산책을 하였다. 둥근 보름달이 구름사이로 빗겨가며 나를 쫓아올 때면 가슴이 왠지 뭉클하고 벅찼던 그곳은 나에게 즐겁고도 행복한 연세대학 뒷산 추억의 산책길이었다. 나는 어려서부터 혼자 시간을 보내는 습관이 잘 길들여져 있었다.

(얼마 전, 정월 대보름에 강원도 대한 수도원에서 보내게 되었다. 밖에 보름달이 강가에 여울져 너무 밝고 아름다웠다. 기도하다가 나는 숙소로 달려와 함께하는 성도와 목사님들에게 소리소리 지르며 보름달이 너무 아름답다고 회개바위로 기도하러 나가자고 하였다. 그랬더니 모두다

"목사님은 지금 나이가 몇이신데 달을 보고 그렇게 감탄을 하세요. 우린 그냥 달이 떴네, 보름달이구나! 그냥 그렇지, 목사님 같이 아, 감탄사는 안 나와요. 목사님은 아직도 소녀 같으세요. 아이고, 추워요 방문이나 닫고 목사님이나 기도하고 오세요."

그러면서 나를 보고 모두 깔깔대고 웃는다. 그렇다. 나는 남달리 어려서부터 감수성이 예민하고 자연을 무척 사랑했다. 그러나 지금은 하나님을 만난 뒤부터

는 예전보다 자연을 더욱 깊게 사랑하게 되었다. 지금은 아예 자연과 함께 호흡하며 자연과 대화를 하면서 다닌다.)

내가 다닌 신현장로교회 정석흥 목사님 말씀은 부흥목사님이라 그런지 언제나 말씀이 뜨겁고 가슴에 와 닿았다. 그러던 어느 날이었다. 그렇게 목사님의 말씀이 은혜스럽고 좋다가 자꾸만 의심과 불신이 들어가기 시작했다. 애급 땅에서 이스라엘 백성들이 노예생활을 할 때, 모세가 형 아론의 지팡이로 열 가지 재앙을 내리고 이스라엘 백성을 구한다. 또한 그 지팡이로 홍해 바다를 가르고 이스라엘 백성들을 노예에서 해방시켜 구출한다. 신약성경에서는 예수님께서 죽은 자를 무덤에서 살리시고, 눈먼 장님을 눈을 뜨게 하시며, 잔칫날에 포도주가 모자라 물을 포도주로 만든다. 문둥병 환자를 고치시고 앉은뱅이를 일으키시는 장면이 나온다. 도대체 이러한 여러 가지의 성경의 사건과 기적들을 도저히 믿을 수가 없어졌다.

더욱 믿을 수가 없었던 것은 예수님이 처녀 동정녀 마리아에게서 태어나셨다는 것이다. 또한 십자가에 못 박혀 죽으시고 무덤에서 사흘 만에 다시 살아나셨다는 것이 모두 허무맹랑하게 들렸다. 그리고 바닷가에 있는 베드로에게 나타나 제자들과 40일간 함께 계시다가 몸이 산 채로 제자들이 보는 앞에서 구름 위 하늘로 승천하셨다는 성경 말씀이 도저히 믿을 수가 없었다.

'그래, 이제는 이렇게 신화적인 이야기들을 무식하게 맹신하며 믿을 수 없어!'

그러면서 성경 말씀을 따지기 시작했다. 강단에서 담임목사님은 하나님은 내 안에도 계시며 밖에도 계시다고 말씀하셨다. 또한 하나님은 우주와 함께 하신다고 말씀하셨다. 성령으로 거듭나지 못한 나는 그 말이 도무지 이해가 가지를 않았다.

'도대체 하나님은 한분이라면서 어떻게 내 안에도 계시고, 또 밖에도 계시며, 우주 안에 우리와 함께 하신다고 그러실까? 참 그 하나님도 바쁘셔라. 내 안에 들어왔다가 또 밖에 나와 세계로 뛰어 다니시니 얼마나 바쁘실까?'

하나님을 인격적으로 만자지 못한 어린 신앙이 나에게 말씀을 받아들이기가 어려웠다. 그렇게 목사님의 말씀을 듣고 교회를 초등학교부터 10년이 넘도록 다니면서 열심히 봉사를 했어도, 나는 도저히 성경에 신비스런 일들이 도무지 믿어지지도 않고 이해가 되지 않았다. 그래서 나는 이렇게만 생각했다.

'그래, 그 시대에도 기록하는 기자가 있었어. 그런데 2000년 전부터 성경을 기록하고 또 기록하고 많은 사람들이 옮겨 쓰다보니까 그 글이

와전되어 눈덩이와 같이 부풀어 신화처럼 된 것이다. 맞아! 내가 예수님이라는 분이 계셨었다는 것은 믿는다. 내가 이순신 장군을 만나 보아서 믿나?

역사니까 믿지. 그분을 만나 본 일도 없는데, 역사란 사실을 기록한 것이니까 믿는다.'

그렇게 생각하면서 공자, 맹자, 석가모니, 예수 이렇게 사대 성인으로만 생각하였다. 성령으로 거듭나지 못하고 말씀을 깨닫지 못한 나는 그분이 하나님의 아들 신이라는 것을 인정하기가 어려웠다. 그러면서 믿음이 점점 떨어지고 불신앙이 들어가니 더욱 마음이 곤고해지기 시작했다. 무조건 하나님을 믿었을 때는 교회 일들이 참으로 즐겁고, 행복하기만 했었다. 교회는 어려서부터 나의 유일한 피난처요 안식처였다. 의심이 들어가면서부터는 마음에 기쁨이 없고 우울해지면서 또 고독해지기 시작했다.

2. 철학책을 보다

10년이 넘도록 열심히 봉사를 하고 교회를 다녔어도 예수님의 탄생과 한분이라는 하나님을 믿을 수가 없었다. 교회를 등지고 철학책을 보기 시작했다. 지금은 하도 오랜 세월이 지나 이어령 작과 헤밍웨이와 톨스토이만 희미하게 생각이 난다.

교회를 등지고 철학책을 보기 시작했다. 하지만 어느 노벨상 유명한 철학책이라도 내 마음을 시원하게 해결해 주고 의문을 풀어주는 책은 없었다. 그들도 결국 후에는 염세주의자가 되었고 독백의 깊은 우울증으로 자살까지 한 것을 본다. 어느 철학과 성현의 글이라 할지라도 인간의 고독과 외로움과 죽음을 해결해 주는 책은 없었다. 헤밍웨이의 일생과 톨스토이의 일생의 책은 50년 전에 읽은 책들이라 상세하게 쓸 수가 없어서 인터넷을 통해서 다시 기억해 보려 한다. 이글은 인터넷을 통한 글이다. 왜 내가 세계 명작과 철학책도 덮게 되었는지…….

❖ 헤밍웨이의 일생

헤밍웨이의 삶은 출렁이는 파도와 같이 참으로 힘든 삶을 살았다. 여러 번 결혼과 이혼, 부모님의 성역할 속의 혼란 비행기의 추락사건, 정신질환의 유전까지 남들은 평생을 걸쳐 겪어보지 못할 일들을 겪은 작가였다.

고등학교 졸업 후, 기자인턴 시험을 보게 되는데 바로 합격하여 명성을 떨치게 되었다. 기자 생활하면서 늘은 문장실력이라고도 볼 수 있다. 그는 운전병으로 지원하여 군대를 가게 되는데 박격포 공격에 의해 다리에 200개의 파편이 박히게 된다. 그 후유증으로 병원에서 6개월을 입원하게 되었고, 그 기간 동안 생애 첫 여자인 간호사와 첫사랑을 하게 된다. 하지만 그 첫사랑과는 결혼을 하지 않았다. 『무기여, 잘 있거라』의 작품 여주인공이 바로 헤밍웨이의 첫 사랑인 간호원이라는 것이 사실이다.

그의 작품 『오후의 죽음』『무기여, 잘 있거라』『우리들의 시대』『위대한 캐츠비』『해는 또다시 떠오른다』『누구를 위하여 좋은 울리나』『노인과 바다』 등 헤밍웨이의 유작들은 그의 마지막 아내가 관리했다. 그의 마지막 아내 메리월쉬는 전문기자로 사회에서 활약을 했다. 앞에 부인들과는 달리 가장 전통적인 여인상이었다. 헤밍웨이는 사회적인 아내들의 성향 때문에 이혼하게 되는 악순환을 겪게 되었다.

헤밍웨이 마지막 걸작 『노인과 바다』는 노벨상을 수상하면서 그때 당시 작품을 출간한 지 약 이틀 만에 500만 부 이상이 팔렸을 정도로 폭발적 인기를 누렸다고 한다. 이로써 헤밍웨이는 인생의 끝자락까지 전설로 남게 되는 계기를 만들게 되었고, 그의 일거일 투족이 대중의 관심과 감동의 대상이었다. 하지만 명성이 절정에 다다랐을 때, 그의 정신착란 증상은 점점 악화되어 우울증과 폭음을 일삼았다. 결국은 자신을 도청하고 있다는 과대망상증이 심화되었고, 1061년 어느 날 아내 몰래 2층으로 올라가 장총을 입에 물고 자살하는 것으로 마감하게 된다. 그때 그의 나이는 61세였다.

❖ 톨스토이의 마지막 인생

레프 니콜라예비치 톨스토이는 1828년 8월 28일 러시아 남부 툴라 근교의 영지 야스냐나 폴랴나에게 태어났다. 부친 니콜라이일 리치 톨스토이 백작은 파산을 막기 위해 일종의 정략결혼을 한 사람이었다. 모친 마리아 볼콘스키는 남편보다 더 저명하고 부유한 귀족의 외동딸로, 그녀가 지참금으로 가져온 야스냐나 폴랴나는 이후 레프 톨스토이의 고향이자 분신이 되었다.

부모를 일찍 여읜 톨스토이 가문의 남매는 친척집에서 성장했다. 영지에서 농노들을 대상으로 일종의 계몽 실험을 벌이던 톨스토이는 1848년에 다시 고향을 떠난다. 모스크바와 상트페테르부르크에서 그는 방탕한 생활에 빠져 빚을 많이 졌다. 급기야 1855년에는 도박 빚때문에 야스냐나 폴랴나의 저택을 매각하고 말았다.

젊은 시절의 톨스토이는 이상주의자인 동시에 쾌락주의 자였다. 특히 성욕과 도박의 유혹 앞에 무방비 상태였으며 쾌락에 굴복한 직후에는 처절한 환멸이 몰려와 자괴감을 더해주는 일종의 악순환이 벌어졌다. 이런 모순적인 사고방식은 말년까지 톨스토이를 괴롭힌 요인인 동시에 역설적으로 그의 작품과 사상의 원동력이기도 했다.

대표작인 『전쟁과 평화』(1869)와 『안네 카레니나』(1877)를 완성해 명성을 얻은 톨스토이는, 40대 후반에 중년의 위기를 겪으며 삶과 죽음, 그리고 종교의 문제를 깊이 숙고했다. 『고백론』(1879)은 톨스토이의 생애를 사실주의 문학 중심의 전반기와 종교 사상 중심의 후반기로 나눈 분기점으로 여겨진다. 한동안 문학을 거의 포기하다시피 하고 신학과 성경 연구에 전념한 톨스토이는 기존의 기독교에 실망한 나머지 자비, 비폭력, 금욕을 강조하는 새로운 기독교를 제창했다.

톨스토이 활동에서 문학보다 종교의 비중이 점차 위태로워지던 그의 결혼 생활의 반영으로 해석된다. 톨스토이 활동에서 문학보다 종교의 비중이 점차로 커지면서 이를 못마땅하게 생각한 부인 및 자녀와의 갈등은 점점 커져만 갔다. 1891년에 톨스토이는 청빈의 실천을 위해 저서의 판권을 포기하려 했지만 가족은 이에 크게 반발했다. 결국 그는 1881년 이후에 발표한 작품의 판권만 포기하고, 그 이전의 작품의 판권은 아내에게 넘기기로 타협할 수밖에 없었다.

톨스토이는 말년까지도 『예술이란 무엇인가』(1898)와 『부활』(1899)을 발표하여 필역을 과시했다. 뒤늦게 종교문제로 러시아 정교에서 파문당하고 격렬한 사회 비판으로 러시아 정부와 갈등을 빚기도 했지만 1908년의 80회 생일에는 전 세계에서 축하 인사가 답지할 정도로 명성의 절정을 맞이했다.

그러나 톨스토이의 사생활은 파국으로 치닫고 있었다. 1910년에 그는 가족 중의 유일하게 자기편이었던 딸 알렉산드라에게 모든 저서의 판권을 상속한다는 유언장을 작성했다. 이에 경악한 아내, 소피아는 이때부터 남편의 행적을 일거수일투족 감시하기 시작했다.

그 결과로 발생한 사건이 그 유명한 톨스토이의 가출이었다. 1910년 10월 27일 밤, 톨스토이는 자기 서류를 뒤적이는 아내의 행동에 분격한 나머지 가출을 결심한다. 그는 한 집에 살고 있던 친구이자 주치의 두샨 마코비키와 함께 몰래 집을 빠져나와 기차를 탔다.

다음날, 그의 가출 소식이 전해지면서 전 세계가 깜짝 놀랐다. 며칠 후, 톨스토이는 기차 여행 중에 감기에 걸렸고 이는 곧 폐렴으로 번졌다. 작은 간이역 아스타포브의 역장 집을 빌려 몸져 누운 톨스토이는 가출한 지 열흘만인 1910년 11월 7일 새벽에 그곳에서 아무도 모르게 쓸쓸히 우울증과 폐렴으로 초라한 간이역에서 세상을 마감하게 된다. 시신은 야스나야 폴랴나로 운구 되어 묻혔다. 이렇듯 노벨상을 받은 그 유명한 톨스토이와 헤밍웨이의 마지막 죽음은 너무도 처참하고 그들의 인생은 고독하였다.

3. 그들은 결국 죽음을 해결하지 못했다

아무리 인간이, 세계 명성을 떨치고 모든 쾌락과 술과 도박 여자로 욕정을 채워 마음껏 세상 것들을 누리고 채워본들 그것은 모두가 지뢰밭이요, 늪과 같은 것이다. 사람이 살아가는 데는 하나님의 창조 질서가 있다. 하나님을 떠나 창조 질서를 파괴하고서는 그 어떤 행복도 누리며 살아 갈수가 없는 것이다. 진리 안에서 온전한 삶이 아니고서는 무엇으로 인간의 욕망을 채울 수가 없는 것이다. 구약 성경에서 나오는 인물 솔로몬의 왕과 같이 세상에서 가장 화려하게 인생을 누리며 산 자는 없다. 자기 백성 중 300명의 궁녀와 이방신을 섬기는 700명의 궁녀를 데리고 와 1,000명의 궁녀를 거느리고 살았던 최고의 화려한 삶을 살았던 솔로몬의 왕이었다. 그러나 그는 모든 것이 헛되고 헛되다고 구약성경 전도서에서 고백하고 있다.

헤밍웨이와 톨스토이 그들에게도 지독한 외로움과 고독을 해결할 수가 없었다. 언젠간 병들고 홀로 죽어가야만 하는 인간의 죽음을 결코 해결할 수가 없었다. 또한 인생에 있어서 끊임없이 문제들이 닥쳐오는 모든 환경들과, 언젠가는 죽을 수밖에 없는 죽음의 공포 문턱들을, 노벨상 받은 문학 명작 철학가 그들도 진리 안에서의 죽음을 초월하는 자유를 찾지 못했다.

제4장
여행

1. 진리를 찾아서

나는 그 모든 철학책을 덮고 19살 때부터는 진리를 찾아 여행을 떠나기 시작하였다. 청바지에다 낡은 티셔츠를 입고 클래식 기타를 몇 가지밖에 칠 줄 모르는 통기타를 어깨에 메고 특별히 어느 곳을 가야 한다는 목적도 없이 떠났다. 그렇게 정처 없이 자연을 찾아 길을 떠났다. 집을 떠나면 소식도 없이 한 달이다. 집에서는 내 별명이 미친 광대였다.

그럴 만도 하였다. 남자도 아니고 다 큰 처녀가 집을 나가면 소식도 없이 한 달씩이나 나갔다가 집에 들어온다. 욕을 먹을 만도 했다. 하지만 나는 많은 군중 속에서 오래 있지를 못 한다. 무엇인가 내 목을 짓눌리는 것만 같고 가슴이 답답해진다. 긴 한숨만 자꾸 내뿜는다. 그 다음은 머리가 조금씩 아파온다. 위장약과 두통약, 안약 등은 항상 핸드백에 지참하고 다녔었다. 이런 이유들로 나는 일 년에 한두 번씩 여행을 해야만 현실을 적응하며 살아갈 수가 있었다. 나이 먹은 지금도 마찬가지다. 항상 독백을 즐기는 것도 마찬가지다. 지금은 스피커가 찢어지도록 음악을 크게 틀어놓고 승용차를 몰고 혼자 여행하는 시간이 가장 즐거운 시간이며, 계곡을 달리는 승용차는 주님과 나만의 대화, 기도와 찬양 최고의 행복한 공간이다.

2. 어느 농가 민가의 자취집

나는 어려서부터 그렇게 여행을 즐겨했다. 언제나 호남선 마지막 완행열차에 몸을 싣고 목적도 없이 그렇게 여행을 떠난다. 호남선 마지막 완행열차가 가장 요금이 쌌기 때문이다. 낯선 땅에 내려 어느 민가에 가서 문을 두들긴다.

"여보세요?!" 대문을 두드리며,

"잠시 묵고 갈 방이 있어요?"

하고 집주인에게 묻는다. 그러면 그곳에 한 달 하숙을 한다든가 또한 달을 자취를 한다든가 아니면 바닷가 동굴과 산 그렇게 틀어박혀서 한 달씩 있다가 돌아온다. 언젠가 여행 중에 어느 시골 아름답고 한가로운 농가였다. 그날도 역시,

"여보세요, 주인아주머니 계세요?" 하고 낯선 집 문을 두들겼다.

"누구세요?" 하고 문빗장을 열고 고개를 쑥 내밀고 내어다 본다.

"잠시 쉬었다 갈 수 있는 방이 있어요?"

하고 물으면 집 주인은 나를 먼저 아래위로 훑어보고,

"아가씨가 있을 만한 방은 없어요. 방이 깨끗하지 않아요."

너무 깔끔해 보이고 아주 예쁘장한 서울 아가씨가 시골 남루한 곳에 와서 방을 달라니 집 주인은 거절 할 만도 하였다. 나는 그래도,

"아니, 괜찮아요. 빈방이면 돼요!"

집주인은 나의 성화에 할 수 없다는 듯이 곡식을 두는 사랑채 빈방

나는 누구인가

을 하나 내어주었다. 안채와 뚝 떨어져 조용할 것 같아 나는 참 좋았다. 방문을 열고 짐을 풀어놓으며 방을 훑어보았다. 정말 방이 허름하고 깨끗하지가 않았다. 천장은 한쪽 귀퉁이가 찢어져 천정 벽지가 늘어져 있었고 왼쪽 구석에는 짚으로 짠 고구마 가마니가 놓여 있었다. 또 밤이면 쥐들의 전쟁이다. 방바닥에는 고구마를 잔뜩 담아 놓은 푸데 자루 뒤에 한 마리의 아주 작은 쥐새끼가 숨어서 고구마를 '갉작갉작' 갉아 먹는 소리가 들린다. 고놈에 생쥐는 어쩌다 나와 눈이 마주쳐도 내 얼굴을 빤히 쳐다보며 그대로 고구마를 갉아 먹고 있었다. 도망가지도 않고 눈을 동그랗게 뜨고 나를 쳐다보는 꼴이 귀엽기도 했다.

그래도 행여나 저놈에 생쥐가 내 이불 속으로 기어 들어올 것만 같아 끔찍하고 징그러웠다. 정말 무서운 것은 깊은 밤이면 쥐들이 단체로 달리기를 하는지 이쪽 천정에서 저쪽 천정 끝까지 투두둑 타다닥 난리를 친다. 밤이면 쥐들이 경주 달리기 시합을 하면서 즐겁게 노는 것까지는 좋은데 한쪽 천정 귀퉁이가 찢어져 종이가 천정에 덜렁 덜렁 매달려있다. 그 찢어진 쪽으로 달리다가 투두둑! 여러 마리가 천정에서 방바닥으로 떨어질까 그것이 가장 징그럽고 겁이 났다.

"주여, 저 찢어진 천정에 쥐들이 방바닥으로 뚝! 떨어지지 않게만 하여 주옵소서."

❖

밤이면 그렇게 쥐들과 함께 전쟁을 치루고 날이 밝아 새벽이 되면 마을에서 아주 가까운 산에 올라간다. 정상에 올라가 한눈에 바라다보이는 평화로운 한적한 시골 마을을 내려다본다. 무엇인가 가슴속 깊은 곳에 풀리지 않는 큰 바위덩어리 같은 것이 짓눌려 있어, 산 위에서 크게 소리를 질러 본다. 두 팔을 하늘을 향해 기지개를 피며 긴 한숨도 내뿜어보기도 한다. 그리고 나면 조금은 가슴이 시원해진다.

해질 무렵이면 한가로운 시골 풍경 가로수 길 걷기도 하고 하모니카를 불며 밭도랑 논두렁길을 때론 빠져가며 홀로 걸어보기도 한다. 황혼이 물들인 서산에는 새들이 떼를 지어 삼각형이루며 남쪽을 향하여 정답게 날아간다.

머리 위로 날아가는 새들을 물끄러미 바라보며,

'새들아, 너희들은 서로 함께하니 외롭지도 않고 참 행복하겠구나!'

모두 함께 날아가는 새들이 즐겁고 행복해 보였다. 이렇듯 지독하리만치 외로우면서도 고독한 여행을 무척 즐겨했다. 독백을 즐기는 것은 지금도 저물어 가는 황혼 길목에서도 마찬가지인 것 같다. 함께할 수 있는 사람이 있다면 더없이 행복한 여행이겠지만 그러나 지금도 언제나 혼자 여행을 한다.

나는 누구인가

3. 바닷가 쌍버드나무 하숙집

20살 때였다. 쌍버드나무집은 1970년도 한여름 끝물이었다. 만리포 바닷가에서 한 달을 지냈던 하숙집이었다. 많은 여행 중에서 나에게는 가장 잊을 수 없는 슬픈 이별의 추억이었다. 나이가 70살인 지금까지도 마음 한구석에 깊이 자리 잡고 있다. 가슴 아픈 인연 그날에 이야기들을 회상해본다.

여름휴가가 끝나고 무더위 말복도 지난 끝 무렵이었다. 아래는 청바지와 위에는 낡은 푸른 T샤스 입었다. 머리에는 밀짚모자를 푹 뒤집어쓰고 등에는 빨강색 커다란 배낭을 멨다. 오른쪽 어깨에는 나보다 키가 큰 기타를 메고 집을 나섰다. 인천에 도착하여 만리포 가는 마지막 배를 탔다. 만리포로 여행 가는 사람은 나 한 사람뿐이었다. 휴가철이 끝났기 때문이다. 몇몇 사람들은 모두가 그곳에 사는 원주민들뿐이었다. 피서철에만 만리포 가는 배가 인천 항구에서 운영을 한다. 나는 무거운 배낭과 기타를 선창에 풀어놓고 난간에 기대섰다. 뱃고동소리는 짙푸른 파도 물결을 헤치며 바다를 질주한다.

다시 3층 선박에 올라와 난간을 붙들고 멀리 바라다 보이는 작은 섬들을 바라본다. 갈매기들은 배 고동소리와 함께 끼룩끼룩 합창을 하며 쫓아온다. 긴 머리카락은 바닷바람에 휘날리어 두 뺨을 때린다. 어느새 육지가 바라다보이며 만리포에 도착했다. 뚜~ 뱃고동소리가 올리자, 나는 풀어 놓았던 배낭을 다시 메고 선창에서 내려왔다. 저 멀리 백사장 끝에서부터 많은 피서객들이 인천에서 타고 온 마지막 배를 타려고 배를 향하여 오고 있다.

마치 피난민들과 같이 배를 향해서 몰려오고 있는 듯한 광경이었다. 배에서 내리는 피서객 사람은 나 한 사람뿐이다. 바닷가에서 조금 떨어진 민가로 들어가 하숙집을 안내 받았다. 집 들어가는 입구에는 커다란 쌍버드나무가 초가지붕을 덮었다. 앞마당에는 깔끔하게 꽃밭이 잘 다듬어져 있었다. 그 하숙집 이름은 쌍버드나무 이장님 댁이었다. 이장님은 어촌에 사는 시골 분이시지만 얼굴이 길쭉하며 마음의 양식이 풍부하게 보이셨다. 알바를 해서 모은 돈이 넉넉지 않아 집주인 아저씨께 방값을 싸게 해 달라고 말씀드렸다.

"아저씨! 방값 좀 싸게 해 주세요."

아저씨는 나를 바라보시고 빙그레 웃으시었다. 웃으시는 모습도 참 편안하고 넉넉해 보이셨다. 아저씨는 방값을 싸게 주시니까 주인집 아주머니는 투덜투덜 거리시는 모습이 보였다. 아주머니는 그렇게 상냥하고 친절하게 보이시지는 않았지만 진실하고 과묵하게 보이셨다. 여름 한철 피서객들이 왔다가 가면 백사장과 길가에는 이곳저곳에 버리고 간 쓰레기만 잔뜩 쌓여있다. 그렇게 시끌벅적 했던 마을과 바닷

나는 누구인가

가가 갑자기 조용해진다. 피서철이 끝나면 파도소리와 바람소리만나는 텅 빈 바닷가가 횅하니 너무도 쓸쓸하다. 때문에 아저씨는 나에게 편히 쉬었다 가라고 배려해 주신 것 같다.

나는 방을 정하고 기타를 먼저 방에 내려놓았다. 배낭을 풀고 시집 책과 낙서 장 노트와 몇 가지의 옷들을 정리하고 하숙집 첫째 딸 광자와 함께 황혼이 물들인 바닷가로 나왔다.

'아, 너무 아름답다. 가슴속에 묵은 체중이 바다에지는 저 노을 속에 다 씻겨 나가는 구나!'

만리포는 서해 바다이기 때문에 수평선 위에 낙조는 너무나 황홀하다. 모래사장에는 피서객들에게 버려진 깡통들이 여기 저기 뒹굴뒹굴 굴러다닌다. 술병과 콜라와 사이다 병들은 흩어져 이곳저곳 모래 속에 박혀있었다.

버려진 휴지조각들은 바람이 부는 대로 이리저리 날아다녔다. 하숙집 큰딸 광자는 초등학교 3학년이었다. 성격은 아주 밝고 명랑했다. 광자가 학교에 갔다 오기 전에는 바닷가 모래사장 한편에 있는 동굴 속에 온종일 처박혀 있었다.

저녁이 되면 하숙집으로 돌아와 다시 굴 따러 작은 소쿠리 들고 광자와 함께 바닷가로 나갔다. 굴 따러 갈 때면 광자는 양쪽에 꼬부라진 꼬챙이를 나에 손에 쥐어 준다. 처음엔 어떻게 굴을 따는지 도구를 사용할 줄 몰라 나는 사정없이 커다란 바위에 붙어있는 굴을 마구 꼬챙이고 찍고 또 찍어댔다. 광자는 내 꼴을 보고 배꼽을 쥐면서 웃어댔다. 광자는 나를 보고 깔깔대고 웃으며,

"언니, 그렇게 굴 따는 게 아니고 나를 봐. 꼬챙이가 양쪽에 있지? 하나는 굴 뚜껑을 열어젖히는 것이고 하나는 굴은 찍어서 빼내는 거야! 언니, 자! 다시 한 번 해봐."

하며 굴 따는 모습을 나에게 보여주었다. 동생이 가르쳐주는 데로 하니 정말 굴을 나도 잘 따게 되었다. 동생 얼굴을 쳐다보고 빙그레 웃었다. 광자도 내 얼굴을 바라보고 싱긋이 웃는다. 굴 따고 있는 내 곁에는 물새들이 찰랑 찰랑 물장구 치고 수평선에는 뭉게구름과 새털구름이 평풍처럼 펼쳐있다. 파도치는 고깃배 위에는 갈매기들이 끼룩! 끼룩! 노래 부르며 춤을 추었다.

자연은 너무도 평화롭고 아름다웠다. 광자가 아침에 학교를 가면 올 때까지 나는 바닷가에 있는 동굴 속에 혼자 있다가 환상의 꿈을 펼치는 낙조를 보고서야 하숙집으로 돌아온다. 바닷가에 별이 쏟아지는 밤에는 앞마당에 짚으로 짠 둥그런 멍석을 깔고 누워있으면, 쌍버드나무는 황금색 초가지붕을 덮는다. 달빛이 앞마당에 비추이면 나는

황홀 무아지경에 빠진다. 이제 얼마 남지 않은 날이 다가와 하숙집 주인아저씨는 지나온 인생이야기를 나에게 들려주셨다(옥경이란 이름은, 내 이름이 석자라 아이들이 한자, 두자, 석자, 이름을 놀려대서 구슬옥과 빛날 경자를 예명으로 사용했었다).

"옥경아, 내가 왜 이 만리포에 와서 정착하며 살게 되었는지 아느냐?"

아저씨는 갑자기 쓸쓸한 미소를 입가에 지으면서 나에게 말씀하셨다.

"아저씨, 어떻게 만리포에서 살게 되셨어요, 무슨 특별한 사연이라도?"

나는 물었다. 아저씨는 말씀을 이으셨다.

"응, 아주 깊은 사연이 있단다."

"아저씨! 들려주세요."

아저씨는 잠시 고개를 땅에 떨구며 한참 무엇인가 생각하시더니 다시 고개를 들고 나에게 지난날 이야기들을 들려주셨다.

"예전에 내가 도자기 사업을 동업했었단다. 하루는 대만으로 물건을 하러 갔었지. 대만에서 물건을 잔뜩 해가지고 한국으로 돌아오니까 동업자가 모두 자기 앞으로 서류를 해놓고 도자기 물건들을 가지고 달아나 버린 거야! 사기를 당한 거지. 나는 앞이 캄캄했었단다. 앞으로 어떻게 살아갈 것인가? 그러나 살아갈 걱정도 걱정이지만 가장 가까운 사람한테 배신당한 것이 너무 심한 상처를 받아 분해서 살 수가 없었단다.

그래서 죽으려고 했었지. 그냥 택시를 탔어. 택시 운전수가 어디를 가느냐고 묻기에 나는 운전수한테 그냥 닿는 데로 끝까지 가자고 했단다. 그랬더니 그 운전수가 내 마음을 눈치 챘는지 여기 만리포 앞바다에다가 나를 내려놓더구나. 나는 바닷가 바윗돌 위에 걸터앉아 지평선을 바라보았지. 붉은 태양이 바다 속으로 점점 들어가는 낙조가 너무나 아름다운 것이야! 나는 자연이 그렇게 아름답게 느껴졌던 것은 처음이었어. 그래서 그냥 세상 욕심 다 버리고 자연에 묻혀 글이나 쓰며 살자 하고 정착을 하게 되었지.

그러나 그것도 현실이 허락하지 않는 거야! 나의 이상과 현실은 너무나 나와는 다른 세상 이었어. 그래서 또 견디기 어려워 두 번이나 자살을 시도 했었단다. 한 번은 청산가루를 마셨고 두 번째는 농약을 마셨었지. 그런데도 명이 질겨 죽지도 않고 살아나더구나. 그렇게 살다가 여기까지 오게 되었단다.”

✦

나는 누구인가

하고 말씀을 끝내시고 밤하늘에 별들을 바라보면서 긴 한숨을 허공에 내뿜으셨다. 나는 눈물이 핑 돌았다. 눈물은 기어이 양 볼을 적시어 턱으로 고여 멍석바닥에 뚝뚝 떨어졌다.

"아저씨! 다시는 이제 자살 같은 것 절대로 하지 마세요. 저를 만났으니까요. 제가 맏딸 노릇을 할게요. 내가 언젠가 형편이 나아지면 광자는 기술을 가르칠게요. 간호학교를 보내던가, 미용 기술학교를 보내든가 할게요. 광자가 스스로 살아갈 수 있는 능력이 있으려면 기술은 한 가지를 가지고 있어야 든든하거든요. 그리고 만리포에 땅을 꼭 사로 올 거예요. 그래서 우리 아름다운 정원을 가꾸고 정말 아저씨의 꿈을 실현시켜요. 글도 쓰시고 시도 쓰고 그렇게 함께 살아요."

라고 말했다. 그러나 아저씨는 쓸쓸한 표정을 지으며 먼 산 바라보며 말씀하셨다.

"모두들 그렇게 말들 하지. 하지만 한 번도 그 약속을 지킨 사람이 없었단 다. 모두다 땅을 사러 오겠다고 땅을 봐 달라고들 하더구나. 그렇지만 떠나고 나면 한 번도 연락을 해온 사람은 없었어. 우리 집은 연예인들이 많이 왔었지. 가수들 이 많이 왔어 나를 무척 따랐지. 하지만 떠나고 나면 모두다 연락이 두절들이야 그렇지 뭐. 다들 각자 살아가느라 바쁘니까. 그래서 나는 사람들 말을 믿지 않아."

나는 말을 이었다.

"아저씨, 저는 아녜요. 다른 사람들과 달라요. 저는 꼭 약속을 지킨다고요."

"그래, 옥경아! 너는 믿고 싶구나. 내 평생에 처음으로 좋은 친구를 만난 것 같구나."

"아저씨 무슨 말씀을 그렇게 하세요. 나는 지금 20살이고 아저씨는 지금 40살인데요?"

나는 깔깔대고 배를 쥐고 웃었다. 아저씨는 웃는 나의 모습을 보고 고개를 땅으로 푹 숙이시면서,

"아니야, 친구란 대화가 통하면 친구가 되는 거란다. 내가 누구한테도 깊은 마음의 이야기를 해본 적이 없었거든. 그런데 너에게 처음으로 마음 문을 열고 지난 상처받은 이야기를 모두 털어놓으니 참 마음이 시원하고 평안하구나. 그래 수양딸 하자! 한 달 채워 있다가 가지 말고 나한테 한문 공부도 하고 봄에 동백꽃 피는 것도 보고 가려무나. 이른 봄에 바닷가에 피는 동백꽃은 너무도 아름답단다."

나는 누구인가

그렇게 말씀하시면서 아주 평안하고 행복해 하시는 모습으로 다시 하늘을 향하여 고개를 드셨다. 하숙집 주인아저씨는 해맑은 미소로 다시 나를 바라보시었다. 나는 속으로 내가 너무 방정맞게 웃었는가 하고 아저씨께 미안했다. 나는 참 잘 웃는 편이다. 웃음소리도 남을 의식 하지 않아 아주 호탕하게 크게 웃는다. 생긴 것하고는 딴 판이다. 생긴 것 봐서는 다소 곳 하고 예쁘게 웃을 것 같이 보이지만 내 웃음소리는 전혀 그렇지가 않았다.

입을 있는 데로 크게 벌려 아주 큰소리로 웃는다. 두 손을 무릎을 두드려 가며 엽에 사람이 있으면 마구 때리며 웃기도 한다. 원래 성격이 다소곳한 성격도 못되었다. 그것은 남 의식을 전혀 하지 않고 살아가는 이유였다. 지금도 마찬가지다. 대중을 의식하면서 나를 포장하거나 얌전한 척 하는 것은 성격에 전혀 안 맞기 때문이다. 그래서 아저씨가 그런 꾸밈이 없는 나의 행동을 좋아하시는 것 같았다.

아저씨는 그동안 상처가 깊은 마음 한구석에 짓눌려 있었고, 무엇인가 채우지 못하는 삶이 늘 외롭고 고독하셨다. 나이가 40인데도 불구하고 남달리 감수성이 예민하시고 철학과 문학 시와 글을 쓰시는 것을 좋아하셨다. 아이고, 그러니 서로 공감대가 이루어 마음껏 마음의 회포를 풀어 보신 것이었다. 나는 앞으로 수양아버지와 함께 살 집을 설계도를 그리며 아저씨께 설명해 드렸다. 둥그런 멍석에 배를 깔고 두발은 밤하늘에 뒤로 쳐들고 발장구 치며 신 바람나게 미래 꿈의 집을 하얀 백지에 그려 나갔다. 아저씨는 내가 흰 종이에 집을 그려가는 것을 물끄러미 바라보시면서 앉아 계셨다. 나를 바라보는 아저씨의 모습은 참 평화스러워 보였다. 나는 힐긋 힐긋 아저씨를 쳐다보면서 웃었다. 정말 내일 당장 그림 같은 집을 질것만 같이 신바람 나게 그려 나갔다.

"아저씨, 집은 원기둥으로 짓고 창은 통유리로 해요. 대문은 아치형으로 만들고요, 담장 울타리는 탱자나무로 둘러싸이게 하여서 100m 전방에서도 탱자 향기가 날 수 있도록 해요. 언젠가 시골 친구 집에 갔었는데요, 탱자나무로 울타리를 했더라고요. 그 향기가 멀리서부터 얼마나 진동을 하는지 너무너무 좋았어요. 그리고 도둑도 들어 올수도 없어요. 담도 높이 쌓을 필요도 없어요. 탱자나무 가시엉겅퀴 때문에요.

그리고 아저씨! 앞마당 한가운데는 연못을 만들고 이쪽과 저쪽을 건너 갈수 있도록 무지개 구름다리를 만들어요. 밤이면 연못에 별들이 수놓아 달빛에 비추어 금물결 이는 그런 아름다운 연못 만들어요. 새벽이면 아침 이슬 맞으며 실개천 돌다리 숲길 산책길도 만들고요, 가을이면 낙엽을 밟으며 시와 음악과 그림도 그려 보기도 해요. 아저씨, 우리 말년엔 그렇게 아름다운 꿈을 꼭 실연 하며 살자고요. 그러니 앞으로는 그런 자살 같은 생각은 절대로 절대로 같지 마세요."

아저씨의 얼굴의 모습은 마치 초가지붕 위 달빛에 비추이는 활짝 핀 하얀 박꽃 모습이었다. 평화롭고 무엇인가 꿈에 부푼 그런 희망찬 모습이 보여 졌다. 아저씨는 내 말을 이어서 무엇인가 자신에 대하여 궁금한 듯이 나를 바라보며 말씀하셨다.

"옥경아, 그런데 말이야! 언젠간 내가 방문을 열고 나오는데 내 방문 앞에 낙엽이 떨어져 있는 것이야! 그래서 다른 방문들을 곁눈질하며 이쪽저쪽 돌아다보았지. 아무리 보아도 다른 방문 앞에는 하나도 낙엽이 안 떨어져 있었어. 내 방문 앞에만 떨어져 있는 것이야. 나는 생각에 내가 빨리 죽으려나? 어이 기분이 참 나쁘더라고. 그래서 그 낙엽을 주워서 배를 타고 바다 한가운데 띄워 버리고 왔단다."

아저씨는 그때 나이가 40인데도 이렇듯 감수성이 예민하신 분이었다. 아저씨는 이미 자신에 대한 운명을 예견 하신 것 같았다. 마지막 여름밤이 깊어가는 줄도 모르고 우린 그렇게 마음이 하나 되어 미래의 꿈을 수놓았다. 정말 나는 아저씨를 행복하게 해드리고 싶었다. 앞마당에 깔린 둥그런 멍석에 별들을 향해 벌러덩 다시 똑바로 드러누웠다. 한여름 밤 하숙집 주인아저씨와 미래의 꿈을 그려갔다. 두레박 모양으로 수놓아져 있는 북두칠성을 함께 한 시선으로 바라보았다.

가끔씩 별똥별은 밤하늘에 길게 선을 그으며 바닷가로 떨어졌다.

쌍버드나무는 초가지붕에 걸치고, 별들은 마치 머리 위로 우수수 쏟아지는 것만 같았다. 어려선 전등불이 많지 않아 어촌에는 별들이 머리위에 가깝게 보였다. 만리포 떠나기 전 마지막 여름밤 전야제를 아저씨의 지난 아픈 사연들의 이야기를 들으며 아름다운 미래의 꿈을 수놓았다. 앞으로 수양아버지가 될 아저씨와 함께 밤이 깊어가는 줄도 모르고 너무나 행복한 이야기를 나누었다. 별들을 바라보고 있는 아저씨께 나는 뜬금없이,

"아저씨, 그런데 나는 참 이상해요."

하고 아저씨께 조금은 우울한 표정으로 말했다. 아저씨는 고개를 갸우뚱 하며 궁금하다는 듯 나를 바라보시며,

"뭐가 이상하냐?"

"네, 저는요, 여행을 하면 떠날 때 꼭 비가 와요. 아무리 그 전날 해가 뜨고 별들이 총총히 떠서 날씨가 좋아도 어김없이 떠날 때면 꼭 비가 쏟아져요."

"옥경아, 이제 나를 만나서 그런 일은 없을 거야 저렇게 하늘에 별들이 총총히 떴는데 무슨 비가 온단 말이냐?"

❖

"아녜요, 여행을 떠나는 날 새벽녘에 해가 떴어도 집을 나서면 약속한 듯이 꼭 비가 와요."

우린 그렇게 밤이 새도록 마지막 밤을 즐겁게 이야기를 나누었다. 드디어 만리포를 떠나는 이튿날 아침이 되었다. 나는 또 새벽 바닷가를 한 바퀴 돌고 고깃배들 위에 날아다니는 갈매기들과 모래사장 물결 위에 찰랑거리며 노니는 오색으로 물 드린 물새들을 바라보며,

"갈매기들아, 사랑스런 물새들아! 잘 있어 답답한 내 마음을 씻어주었던 바다야 너도 잘 있어 또 놀러올게."

마치 모두들 나를 향해 손을 흔들어 주는 것 같았다. 파도도 너울너울 춤을 추며 손을 흔들어 주었다. 아름다운 자연과 작별인사를 하고 하숙집으로 돌아 왔다. 짐을 챙겨 방을 깨끗이 청소 하고 떠날 준비를 했다. 아저씨의 굳게 닫힌 방문을 향하여 나는 아저씨께 인사를 드렸다.

"아저씨 저 떠나요."

"그래, 잘 가거라!"

아저씨는 방문도 열지도 않으시고 내어다 보지도 않은 채 잘 가라 는 말 한마디 뿐이셨다. 하숙집 아주머니는,

"옥경아, 서운해 하지 마라! 아저씨가 너와 헤어지는 것이 너무나 섭섭해서 그러는 것이란다."

내가 서운해 할까봐 아주머니는 아저씨의 마음을 대신 따뜻하게 말 씀해주셨다. 나는 아저씨의 방문을 향하여 더 큰 소리로,

"아저씨, 저 가요 꼭 연락드릴게요. 건강하셔야 돼요."

"그러마, 잘 가거라!"

아저씨는 큰딸 광자를 큰 목소리로 부르셨다.

"광자야, 날씨가 어떠냐?"

"네, 아버지! 해가 떴어요."

"오냐, 알았다."

하숙집 주인아주머니는 세 살배기 소아마비에 걸린 장애자 딸을 품에 안고, 둘째 딸 5살짜리 인숙이는 언니의 손을 꼭 잡고 따라나섰다. 그리고 둘째 착한 아들 재호와 그렇게 가족이 모두 나와서 버스 타는 데까지 배웅해주었다. 나는 버스를 타고 하숙집아주머니와 아이들에게 두 손을 높이 흔들며 아쉬운 작별을 하였다. 나에게 가족이 또 하나 생긴 것 같은 느낌이 들었다.

버스가 출발을 하자 갑자기 비가 쏟아지기 시작했다. 하숙집 가족 얼굴들이 창문을 스쳐가며 버스는 빗속으로 달려간다. 빗물이 흐르는 창 너머로 지나가는 마을을 바라보았다. 창밖에 멀리 떨어진 큰 바위에 걸터앉아 누군가 우산도 없이 소낙비를 주르륵 주르륵 맞은 채 홀로 앉아있는 사람이 있었다. 난 느낌이 좀 이상했다.

"아, 아저씨다!" 나는 너무 반가웠다.

하숙집 주인아저씨는 내가 탄 버스가 마을로 지나가는 것을 보려고 미리 일찍 나오셔서 길목 바위에 걸터앉아 기다리고 계셨던 것이었다. 나는 급히 버스 창문을 활짝 열고 머리를 창문 밖까지 쑥 내밀었다. 오른손을 높이 흔들면서 크게 소리소리 지르며 아저씨를 불렀다.

"아저씨 여기예요, 여기예요. 아저씨 꼭 돌아올게요. 건강하셔야 돼요. 제가 돌아올 때까지 꼭 건강하셔야 돼요. 아저씨 고마워요, 안녕히 계세요!"

나는 목청이 터져라 소리소리 지르며 두 손을 마구 흔들었다. 아저씨도 나를 보았다. 보시고 얼른 일어나 퍼붓는 소낙비 속에서,

"그래, 잘 가거라. 옥경아, 가면 소식을 꼭 전하거라!"

"네, 아저씨 서울 도착하면 소식을 바로 전할게요."

비를 흠뻑 맞으시며 두 손을 높이 들고 버스가 사라질 때까지 정신없이 흔들었다. 점점 멀어져 가는 아저씨의 희미한 목소리와 모습을 바라보면서 나는 눈물이 왈칵 쏟아졌다. 비에 젖은 쓸쓸한 아저씨의 모습은 장대같이 쏟아지는 빗속으로 멀리 멀리 사라져만 갔다.

우리의 인연은 그렇게 빗속에서 흔들었던 이별의 손이 마지막이 되었다. 나는 만리포에서 아저씨와 헤어져 올라오자마자 우리 집은 올케언니 친정아버지께서 부동산투기 권유로 둘째오빠는 집을 팔아 부동산 투기를 하다가 사기를 당해 완전히 집과 모든 재산이 사라졌다. 어려서부터 자라온 집이 하루아침에 갑자기 파산 되었다. 그래서 아저씨께 바로 연락할 수 있는 상황이 안 되었다. 그리고 5년 만에 약속

을 지키러 만리포로 가슴이 부푼 채 한겨울 눈이 푹푹 빠지면서 수양 아버지께 땅을 사러 갔다. 그러나 아저씨는 아버지란 말 한마디도 나에게서 들어보시지도 못한 채 또 그렇게 세상을 일찍 내 곁에서 영원히 떠나셨다. 그때 심정은 모든 꿈이 사라지고 마치 하늘이 무너지는 것 같았다.

아저씨께서 나보다 한 살 어린 큰아들 월남에 갔었다고 하던 아들이 월남에서 돌아와 아저씨 집 세 채 중에서 손수 정원을 잘 가꾸어 놓으신 50평짜리 방이 네 칸이 있는 초가 한 채를 큰아들에게 샀다. 그리고 남편이 현대건설로 해외에 나가있는 동안에 초등학교 3학년이었던 큰딸은 아저씨와 약속한 대로 아파트로 데려와 미용기술 고등학교를 보내주었다. 그러나 광자가 공부하는 중에 셋째아들이 저를 돌봐 주어야 한다고 데려갔다. 난 너무나 속상했다. 끝가지 공부를 마치면 고등학교 졸업장도 나오고 미용실 경영할 수 있는 미용자격증도 나온다. 저만 잘하면 일본으로 유학도 학교에서 장학금으로 보네 주는데 마음이 아프고 안타까웠다. 그러나 지금은 돌아가시고 이 세상에 안계시지만 나는 수양아버지와의 약속을 끝까지 지켜드려서 마음은 홀가분하고 편했다. 조금은 아저씨에 대한 마음에 짐을 벗은 것 같았다. 하지만 바로 연락드리지 못한 것은 지금까지도 마음이 너무 아프다.

그리고 훗날 호주로 떠나기 전에 아저씨께 인사하러 만리포 성묘를 찾아갔다. 눈보라치는 겨울 양지 바른 동산에 수양아버지와 어머니가 나란히 묻힌 성묘에 꽃을 들고 찾아가 고개를 숙이고 묵념 인사를 드렸다. 옛날 생각이 떠올라 소복이 눈이 쌓인 무덤 앞에 그냥 털썩 주저앉아 한없이 펑펑 울었다. 두 눈이 퉁퉁 부은 채 눈발을 헤쳐가면서 고속도로 위험한 길을 운전하며 서울로 다시 돌아왔다. 소식 한 장 띄우지 못한 채 아저씨와의 영원한 이별이 너무도 슬프고 마음이 아팠다. 지금까지 살아 계시다면 초자연 속에 하나님을 만난 이야기며 천국과 지옥을 다녀온 이야기도 해드렸을 텐데…….

만나면 그동안 마음 아팠던 슬픈 지난 이야기와 기쁜 이야기도 하고 싶었다.

나는 신복은 있는데 참으로 인복이 없다. 친아버지도 40대 돌아가셔 얼굴도 모른다. 하나님은 사람을 의지하지 말고 나만 바라보며 살라고 하신 것 같다. 그래도 수양아버지로 맺은 인연, 이현능이라는 이름은 가슴속 깊이깊이 지워지지를 않는다. 그러나 감사한 것은 만리포 어머님은 신실한 기독교인이셨다. 새벽제단을 한 번도 빠짐없이 다니셔서 자녀들을 모두 구원하시고 소천하셨다. 수양아버님은 돌아가셨어도 가끔씩 만리포에 찾아가 어머니와는 함께 새벽예배를 참석하기도 하였었다. 또한 어머니 교회에서 천국과 지옥의 간증집회도하고 집회가 끝나면 목사님의 부탁으로 성도들 상담도 받기도 하였다. 지금까지도 만리포 하숙집은 친정과 같이 다니고 있다. 그리고 나는 목사를 은퇴하고 시인이 되었다. 만리포 하숙집 큰아들은 아버지를 닮아 결국 훌륭한 수필 작가가 되었다. 수양아버지의 못다 한 꿈을 둘이서 아름답게 이루게 된 것이다. 어려서 진리를 찾기 위한 여행 중에 만난 작은 인연이 이렇게 아름다운 추억의 한 장면으로 장식하게 되었다(어려서 진리를 찾기 위한 여행 중에 만난 인연이 인생의 한 페이지로 남게 되었다).

4. 생명의 은인 선장

바다 한가운데서 나는 물고기 밥이 될 뻔한 일이 있었다. 그때에 생명의 은인이었던 해양대학생과 있었던 짧은 이야기다. 훗날 그는 선장이 되었다고 한다. 1970년도 한여름 피서 끝물 만리포 하숙집에서 일어났던 일이었다.

내가 묵고 있는 만리포 하숙집에는 자녀가 딸 셋, 아들 셋, 6남매였다. 큰아들은 월남 전선에 지원해서 가 있었다. 막내 여섯째딸은 소아마비 정신적 장애와 간질병까지 있었다. 바닷가에 혼자서 놀러나가면 쓰러져 온통 모래투성이가 돼서 집으로 돌아오기가 일쑤였다. 형편이 어려워 셋째아들은 큰아버지 댁에 양자로 가서 중학교를 다니고 있었다. 여름방학이라 양자로 간 셋째아들과 큰집 아들들도 모두들 작은 아버지 댁으로 놀러 와서 시끌벅적하였다. 그중에 눈에 뜨이는 헌 출한 큰 집에 장남아들은 해양대학교 4학년 졸업반이었다. 소란스럽게 떠들며 우린 모두 함께 바닷가로 나갔다.

하숙집 둘째아들 재호는 커다란 까만 주부를 나에게 가져다주었다. 수영을 못하니 주부(튜브)가 없으면 물놀이를 할 수가 없었다. 재호가 준 주부를 받아들고 바다 속으로 들어가 양팔과 양다리를 주부에 걸치었다. 손으로 노를 저어 조금씩 조금씩 깊은 곳으로 자꾸만 들어갔다. 그래야 파도가 쳐도 주부가 뒤집어지지 않고 파도타기가 재미있기 때문이었다. 나를 끌어않은 주부는 둥실 둥실 넓은 바다를 향해 떠내려 갔다. 출렁이는 파도를 타니 너무나 재미있었다. 주부 위에 두 다리를 걸치고 팔짱끼고 긴 한숨을 몰아쉬며 드러누워 있었다. 눈에 보이는 것은 파도치는 물결과 청아한 하늘위엔 꽃무늬를 이루어 가는 뭉게구름만 보였다. 하늘에 떠다니는 나의 꿈은 무지개처럼 피어오르고 영혼은 흰 구름 속에서 황홀하기만 하였다. 맑고 고운 하늘을 향해 바라보며 이렇게 큰 소리로 외쳤다.

"하나님, 정말 하나님이 계시다면 하나님 만나게 해주세요! 정말 천국과 지옥이 있다면 천국과 지옥을 내게 보여주세요. 어떻게 하나님이 한 분이라면서 하나님이 내 안에도 있고 밖에도 있어요?"

하늘을 향하여 소리쳐 부르짖었다. 교회를 그렇게 어려서부터 다녔어도 사춘기가 되면서 성경에 일어나는 일들이 도무지 믿어지지를 않았다. 하지만 하나님이 계시던 안계시던 천국과 지옥이 있든 말든 자연은 너무 아름다웠다. 평화로운 자연 속에서 도취되어 정신을 차려보니 갑자기 너무나 조용했다. 나는 주위를 돌아다보았다. 썰물 파도에 휩쓸려 주부가 바다 한가운데로 떠내려 온 것이다. 깜짝 놀라 보니 백사장과 나는 너무나 멀리 떨어져 있었다.

아이들의 이름을 부르며 모래사장을 향하여 정신없이 손을 마구 흔들었다. 하지만 아무리 소리를 외쳐 불러보아도 파도소리에 나의 목소리가 까마득히 멀리 있는 모래사장까지 들릴 리가 없었다. 겁이 털컥 났다. 나는 주부가 썰물에 밀려 바다 한가운데로 떠내려 오는 줄도 몰랐다. 푸른 하늘에 하얀 목련꽃이 피어오르는 뭉게구름만 쳐다보며 마냥 환상에 젖고만 있었었다. 그렇게 아름다웠던 자연은 갑자기 파도가 나를 삼킬 것만 같았다. 즐기던 파도타기는 공포로 변하여 주위가 모두 무서워졌다. 피서객도 끝나 바닷가에 그 많은 사람들도 없고 경비원들도 다 떠나고 없었다. 갑자기 즐거웠던 파도는 죽음의 파도로 변했다. 까만 주부와 함께 출렁이는 죽음의 파도위에서 나는 하나님만 부를 수밖에 없었다.

"하나님 아버지! 나 좀 살려 주세요, 나 좀 살려주세요!"

하늘을 향해 큰소리로 부르짖고 또 부르짖었다.

그렇게 공포와 두려움 속에서 긴박하게 하늘을 향해 하나님을 부르짖을 때였다. 갑자기 까마득한 백사장 멀리서 누군가 헤엄쳐서 나를 향하여 오는 것이었다. 작은집으로 휴가 온 큰집 아들 해양대학생이었다. 백사장 멀리서 힘을 다해 물살 헤치며 나에게 다가오는 그를 보는 순간 나는,

"아, 살았다! 하나님 정말 감사합니다. 하나님은 정말 살아 계시는군요."

까만 주부에만 의지하고 있던 나는 하나님께 감사함으로 하늘을 향해 소리 질렀다. 역시 해양대학교 졸업반 학생이라 순식간에 헤엄쳐 다가와 나의 주부를 붙잡았다. 표정을 보니 엄청 놀란 듯했다. 나를 끌고 헤엄쳐 모래사장으로 향하면서 그 는 나에게 퉁명스럽게 이렇게 말하였다.

"아니 놀러 왔으면 즐겁게 놀다 갈 것이지 왜 우리 작은집에 와서 초상을 치르게 하세요?"

하고 약간에 미소를 짓고 말은 했지만 그러나 표정은 무척 놀래고

긴장한 듯했다. 나는 아무 소리도 못하고 '미안해요'라고 한마디밖에 말을 하질 못했다. 그는 나에게 연락처를 원했지만 '인연 있으면 또 만나겠지요' 하고 나의 연락처를 전해주지를 못했다. 마음에 들면서도 왜 그랬는지 나도 모르겠다. 아마 선장이 될 것 같으니까 그런 것 같았다.

인상도 좋고 착하게 생기고 참 잘도 생겼다. 하숙집 주인아저씨는 큰집 아들 자랑을 많이 하셨다. 착하고 공부도 잘해 장학생이라고 칭찬하시면서 나하고 맺어주시길 원하셨다. 나는 마음에는 들었지만,

"그래봐야 선장이 될 텐데 뭐, 잘못하면 과부가 될 텐데?"

하고 마음에 두지를 않았다. 많은 세월이 지나 하숙집 큰아들에게 해양대학생 소식을 들었다. 그는 결국 선장이 되었다고 하였다. 나에겐 고마운 사람이었고 생명의 은인이었다. 긴 세월이 흘렀지만 지금도 가끔 보고 싶기도 하다. 그리고 진정으로 고마움을 표현하고 싶었다. 그땐 너무 어렸기 때문에 표현을 못했다. 지금은 선장이 된 그분 때문에 바다 한가운데서 물고기 밥을 면하게 된 것이다. 그 또한 천사를 통한 하나님의 예정된 일이었다. 이렇게 해서 하나님은 그때도 나와 함께 하시며 어둠의 조상들의 사자들을 물리치시고 바다 한가운데서도 나의 생명을 해양대학생을 통하여 구원해 주신 것이다. 하나님은 나로 인하여 특별한 계획이 있으신 것이었다.

❖ 무서운 가계의 저주로 인한 파산

　나는 만리포여행에서 한 달 만에 집으로 돌아와 배낭을 대청마루에 던져 놓았다. 그런데 무슨 일일까? 마루에 쌀을 넣는 커다란 뒤지가 보이질 않았다. 기분이 조금 이상했다. 웬 낯선 아주머니가 안방 방문을 열고 나를 쳐다보며

　"아가씨는 누구세요?" 나는 어이가 없어 말을 이어

　"아주머니는 누구세요?" 했다.

　"나는 이집 주인인데요."

　나는 기가 막혔다. 도대체 이게 무슨 일인가? 청천벽력이었다. 한 달 여행을 다녀 온 사이에 어려서부터 태어나 자라온 집이 사라졌다.

　"그러면 먼저 살았던 나의 가족들은 어디로 이사를 갔어요?"

　"나도 모르지?" 더 기가 막혔다.

　만리포에 한 달 있는 동안에 우리 집은 나에게 쪽지 한 장 없이 이

사를 가버렸다. 올케언니는 오빠를 설득시켜 친정아버지인 부동산에 투자하게 하였다. 장인 말씀을 듣고 오빠는 집을 팔고 부동산에 투자하다가 모두 사기를 당하고 말았다. 올케언니 친정을 통하여 우리 집은 완전히 망했다. 우리 가족은 생전 처음으로 집 없는 혹독한 고생을 하게 되었다. 나중에 알고 보니 무당집 딸인 올케언니가 우리 집 맏며느리로 시집을 온 것이었다. 나의 인생은 그때서부터 꼬이기 시작했다. 큰올케언니 속에 있는 가계로부터 내려오는 악한 귀신의 영은 나와 아주 적수였다.

오빠는 완전히 부동산으로 망하고 20만 원짜리 무허가 학고방 가게를 얻어 경험도 없는 해장국 장사를 시작했다. 그러나 많은 고생 끝에 다시 어려움 속에서 일어나 오빠는 성공하였다. 북창동에 커다란 음식집을 개업하여 완전히 집을 회복했다. 상도동에 앞마당 작은 정원이 있는 좋은 2층 집을 사게 되었다. 그러나 올케언니는 새로 산 집을 무서워했고 항상 이름 모를 병으로 몸이 아팠다. 나는 올케언니를 전도하려 애를 썼다. 마음이 착한 올케는 신병에 걸려 몸이 자꾸만 아픈 언니가 불쌍하기만 했다. 그러나 신병으로 아픈 것은 나 혼자만 알고 아무도 몰랐다. 말해야 영적인 세계를 모르기 때문에 누구에게도 말을 할 수가 없었다. 나는 올케언니를 전도하려 애를 썼다.

"언니, 교회를 나가 예수를 믿어. 그러면 병도 다 나을 수 있어!"

그땐 내가 신학교 다녔을 때라 나의 영이 어렸고, 언니를 붙잡고 있는 귀신이 나보다 더 강했다. 언니는 내 말을 듣고 부정하지는 않았다.

"나도 이제 교회를 나가고 싶어, 그런데 오빠를 귀신들이 칠까봐 무서워서 그래."

신을 바꿀 때는 한 바탕 집안이 뒤집어진다. 재산을 몰수한다던가 불치병에 걸리던가, 사람이 죽던가, 집안에 여러 가지의 흉흉한 일들이 벌어진다.
어둠의 영들이 그렇게 쉽게 보내 주지를 않기 때문이다. 그러나 그 일들을 철저한 회개를 통하여 통과해야 한다. 올케언니는 어둠의 영들에게 묶여서 교회를 나오고 싶어도 나오지를 못하는 것이었다.

"아냐 언니! 언니가 교회를 나와서 예수를 믿기만 하면 모든 귀신들은 떠나가게 돼 있어. 두려움을 주어서 언니를 못 가게 귀신들이 막는 거야. 교회를 나와서 믿음으로 담대하게 이겨 내야 돼, 언니."

"그래도 난 무서워 난 이집으로 이사 와서는 화장실도 못가. 무서워서 오빠랑 화장실도 같이 가야 돼!"

올케언니는 새로 산집을 유독 무서워했다. 알고 보니 먼저 살던 사람이 선교사 목사님의 집이었다고 했다. 그 후 얼마 있다가 언니는 결국 구원을 받지 못하고 오빠 동창 친목회에서 북한산을 놀러갔다가 산 꼭대기에서 죽고 말았다. 산 위에서 점심을 먹고 즐겁게 놀다가 갑자기 졸리다며 눈을 감더니 그대로 눈을 뜨지 못하고 산에서 세상을 떠난 것이다.

북한산 그곳은 무당 신들도 많이 오는 곳이었다. 올케언니가 죽은 후, 나는 목사가 되었고 독실한 불교이신 어머니께서 기독교로 개종하셨다. 그리고 신실한 명예 권사님이 되셨다. 딸 셋, 아들 다섯 팔형제 중에서 막내오빠 한사람만 빼놓고 모두 세례를 받았고 교회를 모두 나가게 되었다. 그리고 행사 때마다 귀신을 모시고 죽은 제사를 지내던 우리 집은 나로 인하여 행사 때마다 찬양과 기도와 말씀을 전하며 하나님께 영광을 드리는 생명의 예배로 바뀌게 되었다.

이것은 기적이었다. 예배를 드리는 것은 어머니께서 가장 좋아 하셨다. 오빠들이 믿음이 적어 시험이 들까봐 헌금을 순서에 넣지 않으면 어머니는 호통을 치셨다. 귀신을 섬기는 사람들도 상다리 부서지게 음식을 차려놓고 제사를 지내는데 어떻게 하나님께 예배를 드리면서 예물도 없이 빈손으로 드리느냐고 하셨다. 진정 어머니는 하나님께 예물다운 예물을 드리는 것이었다. 참으로 상상할 수 없는 일들이 우리 가정에 일어난 것이다. 내가 가장 기쁜 것은 둘째오빠였다. 둘째오빠는 올케언니와 함께 귀신에게 꽁꽁 묶여서,

"나더러 예수 믿으라는 년은 문지방도 들어서지도 마라!"

하던 오빠가 올케언니가 세상을 떠난 뒤로 끊임없는 나의 전도로 세례 받고 열심히 교회를 나가는 것이다. 하나님은 언제나 나의 편이 되어주셨다.

지난날 돌아가시기 전에 어머께 들은 올케언니 집안 이야기다. 큰올케 친정은 무당집이었다고 어머께서 말씀해 주셨다. 올케 친정 어머니는 무당을 그만 두려하였다. 옷들과 칼자루 있는 물건들을 정리해서 태워버리려고 장롱 위에 올려놓은 박스를 꺼내었다고 한다. 박스를 열자마자 그 속에서 큰 구렁이가 나와 대문 밖으로 나갔다고 했다.

그 후 할아버지는 우물에 빠져 돌아가셨다. 아버지는 목매 자살하시고, 어머니는 기독교로 개종하여 새벽기도 다녀와서 화장실에서 넘어져 10년 동안 등창이 나도록 꼼짝도 못하시고 사시다가 돌아가셨다고 한다. 장자인 아들은 학교 선생이었다. 무척 성실하고 착한 아들이었다. 부모의 청으로 하기 싫은 결혼을 5번이나 하게 되었다. 이상하게 결혼만하면 이유 없이 아내가 싫어진다고 하였다. 때문에 학교도 그만두게 되었고 끝내는 발바닥 피부암으로 그렇게 큰아들도 죽었다. 둘째딸인 우리 올케언니는 이제 예수를 믿고 싶어 했는데 오빠 동창 친목계로 북한산에 놀러 가다가 산 위에서 점심을 먹은 뒤에 갑자기

나는 누구인가

졸음이 온다며,

"아이, 졸려."

하더니 그만 갑자기 숨이 끊어져 죽고 말았다. 부부금실이 무척 좋은 오빠는 갑자기 아내가 죽은 충격과 고통은 이루 다 말할 수 없었다. 그 높은 북한산 위에서 시신을 내려오느라고 참으로 많은 사람들이 힘들고 어려웠다고 했다. 지금 같으면 헬기로 시신을 날랐을 것이다. 이렇듯 올케언니 집안에 그 가계의 저주는 이루 말할 수 없이 무서운 것이었다. 그 여파가 우리 집으로도 몰려온 것이다. 그 귀신들은 내가 벌써 올케언니를 구원시킬 것을 알고 빨리 데려 간 것이었다. 올케언니는 시집오자마자 병치레가 참 많았다.

그것은 조상들 귀신들에게 묶인 신병이었다. 언니는 평범한 무속인 신앙이 아니었고 나도 평범한 신앙이 아니었다. 모두가 체험적 신앙이었다. 언니는 귀신이 끌고 다녔고, 나는 성령님이 붙잡고 다니셨다. 언니를 따라 귀신을 믿던 오빠가 기독교로 개종하면서 올케언니의 있었던 일들을 나에게 모두 말해주었다.

"석자야, 귀신은 정말 있어! 어느 날 새벽녘에 눈을 뜨는데 언니가 잠옷 바람에 맨발 벗고 나가는 거야! 그래서 저 사람이 잠옷 바람에 어디를 가는 거야? 하고 살며시 뒤를 쫓아 가보았지. 그런데 어느 집 담 밑에 땅을 막 파는 거야. 온몸이 오싹했지. 멀리서 보니 무슨 보따리 같은 것을 꺼내어 돌아오는 것 아니겠니!

나는 무서워서 빨리 집으로 들어와 이불을 뒤집어쓰고 자는 척을 했지. 언니가 들어와서 담 밑에서 파온 보따리를 머리맡에 놓고 다시 이불을 덮고 자는 거야. 난 무서워서 그 보따리를 끌러 보지를 못했단다. 언니가 깨어나기만 기다렸지. 언니가 깨어나자 나는 언니에게 물어봤어! 당신 그 보따리 어디서 가져왔어?

그랬더니, 아니, 그걸 내가 어떻게 알아! 하는 것 아니겠니. 그러니까 더 무서워 말도 못하고 그 보따리 끌러 보라고 했지. 아, 그랬더니 그 보따리 속에서 돈이 마구 쏟아져 나오는 것이었어. 수표도 아니고 모두 아주 많은 현금이었어. 그런데 그런 이상한 일들이 한두 번이 아니었단다."

오빠는 언니와 살던 이야기를 해주었다.

최근에 하와이에서 잠시 쉬러온 장 손자인 조카를 교회 데려가 예수님 영접시키고 담임목사님 안수기도를 받게 해주었다. 그리고 교회 명단에 이름을 올렸다. 조카도 엄마의 신비로운 일들을 함께 체험한 이야기를 했다.

"고모, 나도 엄마 있을 때 신기한일 봤어, 어렸을 때였어. 언제가

나는 누구인가

같이 앉아 있는데 엄마가 날보고 '준성아, 저 돈 날라 간다 돈 잡아!' 하는 거야. 하지만 내 눈에는 하나도 보이질 않았어. 계속 엄마는 왜 돈을 안 잡느냐고 아무것도 없는 허공을 마구 손을 후들며 잡는 거야. 이상한 것은 엄마가 손으로 잡을 적마다 정말 돈이 잡혔어. 난 어려서 신기하기보다는 너무 이상했어. 조금 무섭기도 하고. 고모, 그런 이상한 일들이 한두 번이 아니었던 것 같아."

이렇게 실질적으로 귀신은 어려울 때마다 올케언니를 도와주었기 때문에 오빠도 철저하게 귀신을 섬기고 살았었다. 그 보이지 않는 영적인 체험이 있었기에 나의 간증을 그대로 긍정적으로 받아들이고 하나님을 쉽게 믿을 수 있었던 것이다. 오빠는 지금 하나님이 살아 계시다는 것을 믿는다. 올케언니의 귀신 역사가 오빠의 신앙생활에 큰 도움이 되었다. 사람에게 보이지 않는 그 무엇이 또 있다는 것을 확실하게 오빠는 믿기 때문이다. 가계의 저주를 끊고 하나님은 끊임없이 나와 함께하시며 살아 역사 하셨다.

제5장

투병 속에서

나는 진리를 찾아 여행하는 중에 위가 만신창이 되어 아무것도 먹을 수가 없게 되었다. 이제는 여행을 할 수가 없었다. 신경성 위염으로 위벽이 다 헐어서 음식을 도저히 먹을 수 없게 되었다. 밥을 먹을 때는 어머니께서 격리시켜 따로 멀건 죽과 싱거운 하얀 물김치와 동치미 국물만 주셨다. 함께 먹으면 내가 다른 음식이 먹고 싶을 테니까 따로 상을 봐주신 것이다.

참으로 병중에 고약한 병이 위장병이었다. 입에서는 무엇이든 가리지 않고 다 먹고 싶은데 죽 외에는 아무것도 먹을 수가 없었다. 하루는 어머니께서 외출하시고 없을 때 김치가 너무도 먹고 싶어 항아리 속에서 몰래 손가락으로 김치를 꺼내 먹었다. 어이구, 꿀맛이었다. 그러나 몇 분 뒤에 속이 너무나 쓰리고 아파서 온 방을 데굴데굴 굴렀다. 어떻게 견딜 수가 없었다. 한번 혼이 난 다음에는 어머니가 안 계

셔도 몰래 아무것도 음식을 먹지를 못했다. 나의 몸은 점점 쇠약해져
갔다.

1. 자정 12시, 거울 속에 나타난 괴물

그러던 어느 날밤, 땡땡땡! 자정 12시였다.

오늘은 아버지 제삿날이라 어머니는 둘째오빠 집으로 아버지 제사
를 지내러 가셨다. 그리고 나는 말을 잘 못하는 장애자 큰오빠와 함께
집에 있었다. 그런데 오늘 따라 밤이 길게 만 느껴졌다. 자정이 되어
벽에 걸린 커다란 시계종소리가 12시를 쳤다. 그 시간은 아버지 제사
를 지내는 시간이었다. 죽은 자를 위해 제사를 지내는 시간은 밤 자정
12시고 산제사를 드리는 하나님의 예배는 새벽 동틀 때 5시다. 귀신은
밤에 활동을 하고 하나님은 빛 가운데 하루가 시작이 된다. 아버지 제
사를 지내는 시간 자정 12시가 되자 갑자기 위통증이 심하게 왔다.

나는 너무 견딜 수 없이 고통스러워 불을 켜고 약병을 찾아 약을 먹
으려고 자리에서 일어났다. 일어나 거울을 보니 거울 속에 회귀한 괴
물 형상이 나타났다. 나는 거울 속에 나를 보자마자 그대로 정신을 잃

고 쓰러지고 말았다. 한참만에야 깨어나니 곁에 있던 장애자 오빠가 너무 놀란 것 같았다. 하얀 위장약이 빨간 잠옷에 다 엎지러져 온통 옷이 하얗게 물들였다. 나는 갑자기 공포에 질려 무섭고 떨렸다. 약을 먹으려고 일어나 거울을 보니 해괴망측한 괴물이 거울 속에 나타난 것이다. 그 괴물 형상을 보고 나는 그만 졸도 하고 쓰러진 것이었다.

'저 거울 속에 나타난 괴물의 형상이 뭐지? 꿈도 아니고 환상도 아니고 실제로 뚜렷하게 나타난 끔찍한 형상인데…….'

옛날에는 옷장 한가운데 언제나 커다란 거울이 있었다. 왼쪽에는 이불장이고 오른쪽은 옷장이었다. 그리고 가운데는 화장품 놓는 경대상이었다. 거울을 일부러 보지 않아도 일어나면 거울 속에 나의 모습이 보였다.

'도대체 거울 속에 나타난 저 괴물이 무엇일까?'

나는 엄마도 안 계셔서 너무 무서워 사시나무 떨듯 온몸이 부들부들 떨기만 했다. 그 괴물의 형상은 눈 코 입이 모두 있었는데 도대체 그것이 어디에 붙어있는지 얼굴이 온통 짓물러 서로 엉키어져 일그러진 괴물의 형상이었다. 그 괴물을 보고 소스라치게 놀라 약병을 떨어뜨리고 그만 기절하며 쓰러진 것이다. 정신 차려 깨어난 후 깊은 생각에 빠졌다. 도대체 자정 12시 거울 속에 나타난 그 흉측스러운 괴물은 무엇일까?

2. 나는 죽어간다

나는 너무도 끔찍스러웠고 무서웠다. 거울 속에 나타난 괴물은 바로 나의 모습이었다. 그냥 이렇게만 생각하였다.

'아! 나는 죽어가는구나. 내가 지금 저렇게 몸이 썩어가는 구나. 겉모습은 멀쩡하고 아름답게 보이지만 육체 속은 지금 저렇게 흉측스럽게 썩어 죽어가고 있구나!'라고 생각하였다.

서서히 육체가 병이 들어 죽어가고 있는 것만 같았다. 너무 억울했다. 아직 꿈도 펼쳐 보지도 못한 채 20대에 죽는다는 것이…….

'아냐. 이대로 죽을 순 없어 내가 어떻게 여기까지 왔는데 이대로 죽는단 말이야!'

갑자기 죽음이 다가온다는 것을 느껴졌다. 나는 자리에서 벌떡 일어났다. 진리를 찾아야만 했다. 죽더라도 이것을 찾고 죽어야겠다고 무엇인가 강한 의지가 솟구쳤다.

'금을 캐고 죽어야지 내가 여기서 포기할 순 없어. 진리를 찾아야지. 반드시 진리를 찾아야해. 그러면 무엇부터 시작할까? 그래 나부터 시작하자. 내가 누구냐? 내가 어디서 왔으며 또 어디로 가는 것일까? 그래 나도 누구인지도 모르고 이렇게 서서히 죽어가고 있는데, 하나님은 뭐고 진리는 무엇이며 천국과 지옥은 다 무엇이냐. 내가 지금 죽음의 문턱에 와있는데……'

말할 수 없이 무엇인가 쫓기며 두려워지고 초조해졌다. 그러면서 상을 방 한가운데 펴놓고 그 위에 커다란 백지를 펼쳐 놓았다. 그리고 나! 나! 나! 라고 크게 글씨를 썼다.

'나를 찾자 내가 누구인지? 내가 어디서 왔는지? 그리고 내가 어디로 가고 있는 것인지?'

그 괴물의 형상을 본 후에는 마음이 조급해졌다. 무엇인가 검은 그림자가 내게 서서히 다가와 목을 조르며 나를 덮칠 것만 같아 잠자는 시간도 아까웠다. 어차피 죽으면 영원히 깨어나지 못할 것을 그러면서 하루에 2시간밖에 잠을 자지 못하고 글을 써나갔다. 음식은 점점 먹지도 못하고 잠도 잘 잘 수가 없었다. 마음이 초조해지니 얼굴은 점점 수척해져만 갔다.

(거울 속에 본 그 괴물은 나중에서야 신학교 때 소록도 섬으로 수확여행가서 본 얼굴이 일그러진 나환자 모습과 비슷하였다)

제6장

나는 누구인가

1. 나는 어디서 왔는가

'자, 그럼 내가 누구냐? 내가 어디서 왔지? 응, 그래. 나는 엄마 뱃속에서 나왔지. 그럼 엄마는 어디서 왔지? 응, 그래. 엄마는 외할머니 뱃속에서 나왔지. 그럼 외할머니는 어디서 왔지? 응, 증조 외할머니 뱃속에서 나왔지.'

참으로 나는 무지하게 시작했다. 창조의 역사 과거, 현재, 미래가 성경 속에 상세하게 나열해서 기록되어 있는데도 불구하고 그렇게 혼자서 깊은 명상 속에서 몇날 며칠을 생각하며 어리석게 나를 찾아 들어갔다. 그러던 어느 날이었다. 묵상 속에서 갑자기 반짝 머릿속에서 한 빛 줄기를 타고 생각이 떠올랐다.

❖

흙, 식물, 물고기, 동물, 인간, 자연, 대자연, 초자연, 이렇게 거슬러 올라가 자연과 대자연을 거쳐서 초자연의 세계로 깊이 들어가 보니 그곳에 하나님이 계신 것을 발견하였다. 바로 초자연 속에 하나님이 계셨다. 하나님을 만나고 보니 내가 보였다. 바로 내가 하나님이 계신 그 초자연 속에서 이 지구로 내려온 것이었다. 구약성경 창세기 1:26~27에 말씀에 하나님의 형상으로 지음 받았다는 뜻이 깨달아졌다. 나의 고향은 하늘나라였고, 우주만물을 창조하시고 역사하시는 그 하나님이 바로 나의 아버지셨다.

"아~ 나의 아버지! 나의 아버지! 나의 영혼의 아버지!"

하나님이 이르시되 우리의 형상을 따라 우리의 모양대로 우리가 사람을 만들고 그들로 바다의 물고기와 하늘의 새와 가축과 온 땅과 땅에 기는 모든 것을 다스리게 하자 하시고.(창 1:26)

하나님이 자기 형상 곧 하나님의 형상대로 사람을 창조하시되 남자와 여자를 창조하시고.(창 1:27)

하나님이 그들에게 복을 주시며 하나님이 그들에게 이르시되 생육하고 번성하여 땅에 충만하라, 땅을 정복하라, 바다의 물고기와 하늘의 새와 땅에 움직이는 모든 생물을 다스리게 하시니라.(창 1:28)

하나님이 이르시되 내가 온 지면의 씨 맺는 모든 나무를 너희에게 주노니 너희의 먹을거리가 되리라.(창 1:29)

또 땅의 모든 짐승과 하늘의 모든 새와 생명이 있어 땅에 기는 모든 것에게는 내가 모든 푸른 풀을 먹을거리로 주노라 하시니 그대로 되니라.(창 1:30)

성경 말씀이 저절로 알아졌다. 나의 고향은 하늘나라였고, 창조주는 나의 아버지셨다. 창세기 말씀이 깨달아졌다.

2. 나를 찾았다

무릇 하나님의 영으로 인도함을 받는 사람은 곧 하나님의 아들이라.(롬 8:14)

너희는 다시 무서워하는 종의 영을 받지 아니하고 양자의 영을 받았으므로 우리가 아빠 아버지라고 부르짖느니라.(롬 8:15)

성령이 친히 우리의 영과 더불어 우리가 하나님의 자녀인 것을 증언하시나니. (롬 8:16)

자녀이면 또한 상속자 곧 하나님의 상속자요 그리스도와 함께 한 상속자니 우리가 그와 함께 영광을 받기 위하여 고난도 함께 받아야 할 것이니라. (롬 8:17)

나의 아버지가 만물을 창조하시고 역사하시는 우주의 만왕의 왕이신 그 하나님이 바로 나의 아버지이셨다. 그리고 나의 고향은 하늘나라였다. 찬송가에 나오는 내 고향은 하늘나라, 하늘나라 했지만 그것은 백지에 까만 글씨 문자적으로만 내 고향 하늘나라라고만 생각했었지, 진정 하늘나라가 내 고향이라는 것은 상상할 수도 없었다. 나의 육체는 흙으로 지었으니 흙으로 돌아가고, 영혼은 하늘에서 왔으니 하늘나라로 다시 아버지의 품으로 돌아가는 것이었다.

그래서 동네 어르신이 죽었다고 말하지 않고 돌아가셨다고 말하는 것이었다. 돌아갔다는 것은 왔던 곳으로 다시 돌아간다는 뜻이었다. 사람들은 자기가 말을 해놓고도 그 말에 대한 본질적인 의미도 뜻도 모르고 말하는 말들이 참 많았다. 자기를 깨닫지를 못한 사람은 진정 자기가 누구인지? 자기의 이름 석 자도 모르며 살아가는 것이었다.

내 고향이 하늘나라였고, 내 아버지가 창조주 하나님이라는 것을 깨닫는 즉시 나는 육체의 질병으로 인한 고통은 그 순간 아주 깨끗하게 치료가 되었다. 치료의 속도는 1초도 안 걸린 것 같았다. 마치 번갯불 반짝하는 사이에 병은 씻은 듯이 완치되었다. 말씀은 빛이요 생명이기 때문이다. 세상에 부러울 것이 없었다.

하늘에 아름다운 수많은 별들을 나의 치마폭에 따다 준다하여도 내가 하나님의 자녀라는 것을 깨달은 후에는 나는 별보다 더욱 찬란하고 아름다운 존재였다. 아무리 자연을 사랑한다 하여도 그 어떤 피조물과도 바꿀 수 없는 귀하고 보배로운 존재 아름답고 고귀한 하나님의 형상으로 지음 받은 존재였다. 하나님을 닮게 나를 만들었다는 것이다. 사람만이 모두 하나님의 영, 신격을 가지고 있는 것이다. 그렇기 때문에 지구촌에 모든 사람들이 인간의 영 본질인 신을 찾는 것이었다. 사람은 하나님을 떠나선 그 어떤 것도 채울 수가 없는 것이었다.

인간이 타락 후 아니 그보다 먼저 인간이 타락 전 천상에서 하나님이 가장 사랑하던 아름다운 루시엘 천사가 루시퍼로 타락함으로 사람에게 빛과 어둠, 선과 악이 존재하게 되었다. 하나님은 아담과 하와를 창조하시면서도 이미 사람이 타락 할 줄도 알고 계셨다. 때문에 하나님은 가죽옷을 준비하고 계셨고 아담과 하와에게 입히신 것이었다. 가죽이란 짐승이 죽어 피를 흘려야만 했으며 그 가죽옷은 장차 오실 예수그리스도의 십자가 피 흘림으로 우리의 죄 값을 치루기 위한 상징적인 것이었다. 인간이 스스로 죄를 해결할 수가 없다는 증표이기도 했다.

타락한 천사로 하여금 우리 인간은 마음에 두 영이 존재함으로 영적 전쟁이 벌어지게 된 것이다. 저절로 깨달아져 성경 말씀이 알아지니 금을 캐러 광산에 들어갔다가 더 찬란한 일곱 빛깔 다이아몬드 보속이 쏟아져 넘쳤다. 과거와 현재와 미래가 일어나는 일들이 저절로 알아졌다. 하나님의 생명에 말씀이 폭포수와 같이 넘쳐흐르는 것이었다.

종교는 믿어도 되고 안 믿어 되지만 창조주 하나님을 믿고 안 믿는 것은 죽느냐 사느냐의 엄청난 사건인 것이었다. 천국 문을 두드리는 자는 열릴 것이요, 두드리지 않는 자는 지옥불인 것이다. 하나님을 찾고자 하는 자, 말씀을 깨닫고자 하는 자, 하나님에 음성을 듣고자 하는 자에게는 반드시 모두 주신다. 나는 하나님을 만나고자 목숨을 걸었다. 그런 사람들에겐 모두 주신다.

나는 대통령 딸이 부럽지 않았다. 엘리자베스 테일러처럼 아름다운 여왕도 부럽지 않았다. 내가 하나님의 딸이라는 것, 우주 만물을 창조하시고 역사하시는 그분이 나의 아버지라는 것, 이 엄청난 사실을 깨달은 후에는 나는 세상에 두렵고 무서운 것이 없어졌으며 내겐 어떠한 부족함도 없어졌다. 성경책을 보기 시작했다. 참으로 내가 맹인으로 보았을 때는 백지에 까만 글자로만 박혔던 글씨들이 이젠 하나님이 살아 역사하시는 생명의 말씀이었다. 성경 속에 글씨가 꿈틀거리며 움직였다. 실제로 나에게는 그 글씨가 한자 한자 모두가 살아서 움직이고 있었다. 40년이 지난 지금도 어제일과 같이 생생하게 느껴지면서 소름이 끼친다. 아니 천년이 지나도 백억 년이 지난 다해도 그때 일을 말하라면 어제일과 똑같이 말할 것이다.

3. 성령의 춤

나는 성경책을 끌어안으며 성경책을 등에 업기도 하고 머리에 이기도 하고 너무 기뻐 온방을 뛰며 덩실 덩실 춤을 추기 시작하였다. 어느 수도원에는 행사 때마다 성령의 춤을 춘다고 한다. 그런데 사람들은 이단이라고 말하는 사람들도 있다. 그것은 성령 체험을 하지 못하는 사람들의 소리다. 성령의 춤이 있다. 우주만물 창조주 하나님이 나의 아버지라는 것을 깨달았는데 어찌 춤이 절로 나오지 않을 수가 있겠는가!

성경에 나오는 인물 다윗왕도 하나님의 법궤가 들어올 때 옷이 벗겨지는 지도 모르게 춤을 추었다고 기록하고 있다. 다윗은 하나님을 경외하고 하나님을 사랑하는 마음이 뜨거웠던 것이다. 마침 어머니께서는 아버지 제삿날이라 둘째오빠 집으로 제사를 지내러 가시고 안 계신 것이 나에겐 참으로 다행한 일이었다. 아마 그때 어머니가 계셨더라면 나는 바로 청량리 정신병원으로 끌려갔을지도 모른다. 어머니가 계셨으면

"저것이 병이 들어 먹지도 못하고 잠도 안 자더니만 미쳤구나!"

하고 어머니는 분명히 정신병원에 데려 갔을 것이다. 참으로 다행한 일이다.

진리를 깨달았는데 하나님께서 정신병원에 가둘 리가 없다. 우리 하나님은 너무나 멋있는 하나님이시다.

나는 완전히 미쳤다. 하나님께 미쳤다. 사람들이 미쳐도 이렇게 나와 같이 똑바로만 미친다면 얼마나 좋을까? 세상에 미쳐서 도박에 미치고, 술에 미치고, 창녀와 음란에 미치고, 명예욕과 돈에 미치어 인생을 패가망신하고 가정과 자녀들 망치고 사회와 나라를 망치게 한다.

진리를 깨닫고 성경책을 보았을 때는 원고 없이 창세기 한 장만 가지고도 일 년 열두 달을 설교하라고 해도 충분히 하고도 남았다. 마치 거미 항문에서 거미줄이 끝없이 나오듯이 그렇게 말씀은 끝도 없이 줄줄이 쏟아져 나왔다. 어떤 종교 책이던 모든 훌륭한 성인들의 책이라 할지라도 좋은 글 좋은 말 도덕 윤리 철학에 대하여만 쓰여 있다. 하지만 성경 말씀과 같이 인간이 타락하기 이전 이미 천상에서 천사장들

의 타락한 것까지도 보여주고 있다.

천국에서 하나님께 내 쫓긴 천사장은 변질된 그 어둠의 영들은 땅으로 내려와 인간의 영혼 속으로 연약한 부분을 파고들어 사람을 타락하게 한 것이다. 타락의 최초의 기원으로 시작해서 인간의 악성, 죄성, 잔악성에 대하여 그렇게 상세하게 기록되어 있는 책은 어느 글에도 없다. 오직 이 성경책에만 창조의 기원과 인간의 타락기원에 대하여 기록 되어있다.

성경은 과거와 현재와 미래의 일 마지막 인류의 종말까지도 상세하게 기록 되어있다. 어느 성현의 책이라도 인류 창조와 과거, 현재, 미래에 대하여 기록된 것은 없다. 오직 하나님 살아 역사하시는 생명의 기록 성경책뿐이다. 성경책은 사람의 글이 아니다. 사람 속에 성령님이 들어가셔서 영감의 글로 쓰인 글이다.

너희가 하나님의 성전인 것과 하나님의 성령이 너희 안에 거하시는 것을 알지 못하느뇨. (고전 3:16)

너는 내게 부르짖으라. 내가 응답하겠고 네가 알지 못하는 크고 비밀한 일을 네게 보이리라. (렘 33:3)

❖

　　　나는 누구인가

4. 성경은 천국과 지옥의 두 길의 말씀

하나님은 축복과 저주와 생명과 죽음. 생사화복을 주장하시는 하나님이시다. 그분은 있는 것도 없애시고 없는 것도 만드시는 창조자 하나님이시기 때문이다.

내가 오늘날 복과 저주를 너희 앞에 두나니 너희가 만일 내가 오늘날 너희에게 명하는 너희 하나님 여호와의 명령을 들으면 복이 될 것이요. 너희가 만일 내가 오늘날 너희에게 명하는 도에서 돌이켜 떠나 너희 하나님 여호와의 명령을 듣지 아니하고 본래 알지 못하던 다른 신을 좇으면 저주를 받으리라.(신 11:26)

내가 오늘날 천지를 불러서 너희에게 증거를 삼노니 내가 생명과 사망과 복과 저주를 네 앞에 두었은즉 너와 네 자손이 살기 위하여 생명을 택하고.(신 30:19)

그것들에게 절하지 말며 그것들을 섬기지 말라. 나 여호와 너의 하나님은 질투하는 하나님인즉 나를 미워하는 자의 죄를 갚되 아비로부터 아들에게로 삼사 대까지 이르게 하거니와 나를 사랑하고 내 계명을 지키는 자에게는 천대까지 은혜를 베푸느니라.(출 20:5~6)

네가 성읍에서도 저주를 받으며 들에서도 저주를 받으며 네 광주리와 떡 반죽 그릇이 저주를 받을 것이요. 네 몸의 소생과 네 토지의 소산과 우양의 새끼가 저주를 받으리라.(신 28:16)

네가 네 하나님 여호와의 말씀을 청종하면 이 모든 복이 네게 임하며 네게 이르리니.(신 28:2)

성읍에서도 복을 받고 들에서도 복을 받을 것이며.(신 28:3)

내 몸의 자녀와 네 토지의 소산과 네 짐승새끼와 소와 양의 새끼까지 복을 받을 것이며.(신 28:4)

네 광주리와 떡 반죽 그릇이 복을 받을 것이며.(신 28:5)

네가 들어와도 복을 받고 나가도 복을 받을 것이니라.(신 28:6)

주의 복을 받은 자는 땅을 차지하고 주의 저주를 받은 자는 끊어지리로다.(시 37:22)

성경 말씀을 깨닫고 나니 간단하였다. 하나님의 말씀은 복잡하고 그렇게 어려운 것이 아니고 참으로 단순한 것이었다.

"네가 내 말에 순종을 하면 이 땅에서도 에덴동산과 같이 평화롭게 살다가 또한 네 영혼도 영원한 천국에서 나와 함께 평강과 기쁨을 영원 세세토록 누리며 살리라. 하지만 네가 내 말에 불순종하면 네가 이 땅에서도 고통을 당하고 살 것이며, 또한 내세에서도 꺼지지 않는 불지옥에서 죽지 않고 영원 세세토록 고통 받으며 살 것이니라."

라는 창세기부터 요한 계시록까지의 지옥과 천국에 대한 두 길에 대한 하나님의 말씀인 것이었다. 사람은 죽는 것이 아니라 육체의 죽음은 또 하나의 시작이요, 끝도 시작도 없는 완전한 영의 세계로 돌아가는 것이었다.

마치 그때 기분은 구름을 타고 우주에서 세상을 내려다보는 것 같은 느낌이었다. 나는 세상이 한눈에 보였다. 사람의 마음들이 과거와 현재와 미래의 일들이 투명하게 보였다. 그러나 나는 그들에게 말을 할 수가 없었다.

마치 무엇인가 유리바다 건너 큰 투명한 두꺼운 유리 장벽으로 가려져 있어 오고 갈수 없는 세상에 나는 놓여 있었다. 잃었던 고향을 찾아 아버지를 만났으나 이 세상의 사람들과는 들리지 않고 보이지 않는 곳에 너무도 멀리 멀리 떨어져있어, 사람과는 참으로 외롭고 고독한 세계였다.

나는 투명한 유리성에 있어 그들을 볼 수 있는데 그들은 나를 볼 수가 없었다. 내가 어떠한 말을 하여도 그들에게는 나의 말이 들리지도 않고 내가 보이지도 않는 세상에서 살고 있었다. 초자연 속에서는 하나님과 현세천국을 이루며 살아가고 있었다. 그러나 이 세상과는 한 사람도 대화를 나눌 만한 사람이 없어 나는 너무도 답답하고 외롭고 고독했다. 저들은 귀가 있어도 듣지 못하며 눈이 있어도 보지를 못하는 암울한 세상에서 살고 있었다.

그러므로 내가 그들에게 비유로 말하는 것은 그들이 보아도 보지 못하며 들어도 듣지 못하며 깨닫지 못함이니라.(마 13:13)

이사야의 예언이 그들에게 이루어졌으니 일렀으되 너희가 듣기는 들어도 깨닫지 못할 것이요. 보기는 보아도 알지 못하리라.(마 13:14)

이 백성이 완악하여져서 그 귀는 듣기에 둔하고 눈은 감았으니 이는 눈으로 보고 귀로 듣고 마음으로 깨달아 돌이켜 내게 고침을 받을까 두려워함이라.(마 13:15)

그러나 너희 눈은 봄으로, 너희 귀는 들음으로 복이 있도다!(마 13:16)

❖

나는 누구인가

내가 진실로 너희에게 이르노니 많은 선지자와 의인이 너희가 보는 것들을 보고자 하여도 보지 못하였고 너희가 듣는 것들을 듣고자 하여도 듣지 못하였느니라.(마 3:17)

제7장

육체 속에서 영혼이 빠져나감

1. 일곱 산을 넘어

그러던 어느 날이었다. 나는 깊은 수면에 빠졌다. 무엇인가 하나님
의 신이 임재하시는 것 같았다. 나의 육체 속에서 영혼이 빠져나가 어
디론가 정처 없이 가는 것이었다. 참으로 멀고 먼 길 일곱 산을 힘들
게 넘어갔다. 그리고 어느 만큼이나 갔을까. 산 비탈길로 내려와 보니
저만치 강줄기가 보였다. 강기슭에 있는 강가에는 빈 나룻배가 둥실
둥실 물결에 흔들거리면서 떠 있었다. 마치 그 배는 나를 기다리는 듯
하였다. 나는 그 빈 나룻배를 탔다. 그러더니 이 배가 물결을 헤치고
저절로 둥실 둥실 떠가는 것이었다. 노도 젓지 않고 저절로 물결을 헤
치고 끄덕 끄덕! 둥실 둥실! 흘러가는 배가 너무도 신기하기만 했다.
얼마만큼 물결을 헤치고 흘러가니 강기슭에서 나룻배가 저절로 멈추

었다. 나는 나룻배에서 내려와 언덕이 보이는 조그만 오솔길을 걸어
갔다. 언덕 위에 올라와 보니 막다른 길에 아주 큰 두 개의 동굴이 나
타났다.

2. 천국과 지옥 가는 두 동굴

이 두 개의 동굴은 분명히 하나는 천국 가는 길이었고 또 하나는 지
옥 가는 길이었다. 나는 도대체 어느 길을 가야 할지 몰랐다. 하나는
자갈밭이었고, 험하고 좁은 길이었다. 또 하나는 아주 넓고 평탄한 길
이었다. 평소에 성경책이라도 읽었더라면 좁은 길은 천국 가는 길이
고 넓은 길은 지옥 가는 길이라는 것을 알았을 텐데, 성경 말씀이 전
혀 떠오를지를 않아 어느 길이 천국 가는 길이고, 어느 길이 지옥 가
는 길인지를 전혀 알 수가 없었다.

좁은 문으로 들어가라. 멸망으로 인도하는 문은 좁고 그 길이 넓어
그리로 들어가는 자가 많고, 생명으로 인도하는 문을 좁고 길이 협
착하여 찾는 이가 적음이니라. (마 7:13~14)

좁은 문으로 들어가기를 힘쓰라. 내가 너희에게 이르노니 들어가
기를 구하여도 못하는 자가 많으리라. (눅 13:24)

나는 그냥 그 두 동굴 앞에 서서 이렇게 기도했다.

"하나님 아버지, 나는 어느 길이 천국 가는 길이고 어느 길이 지옥 가는 길인지를 모르겠어요. 만약에 천국 가는 길로 들어간다면 그래도 이 세상에서 아버지께 순종한 일이 적으나마 있어 천국으로 인도하여 주시니 감사합니다. 또한 내가 지옥 가는 길로 들어간다면 이 세상에 살면서 아버지께 불순종하여 벌을 받게 되니 당연하므로 그도 감사합니다."

그것은 나의 잘못과 죄를 인정한다는 회개의 뜻이었다. 그렇게 모두 감사의 기도를 드렸다. 그리고 아주 협착하고 자갈밭이 깔려 있는 좁은 동굴로 들어갔다.

1. 좁고 험악한 길

좁은 길은 너무도 힘들고 험악한 길이었다. 이 길을 통과하는 과정은 말을 할 수가 없다. 나도 이해하기가 힘들고 독자들이 혼돈이 올수가 있기 때문이다. 다만 이렇게 말할 수밖에 없는 것 같다. 그 굴은 우리들의 인생 고행의 길, 육체의 죽음이 다하기까지의 인생의 고해 바다였다. 너무도 힘들고 고통스러운 과정을 거쳐 얼마만큼이나 터널을 지나오니까 아주 멀리서 빛이 스며들어왔다. 나는 좀 더 빨리 빛을 향하여 길을 재촉했다. 굴 밖이 보이기 시작했다. 밝은 빛이 굴 안으로 점점 가까이 비쳐 들어왔다. 나는 그제야 긴 한숨을 내 뿜으며

"휴! 이제 살았다. 이 끔찍한 인생 고통의 터널이 지나가는구나. 빛이 보인다. 이제 모든 고통은 끝났다."

빛을 따라 굴 밖을 나와 보니 양쪽에는 이름 모를 꽃들이 만발하였다.

2. 천국의 꽃밭과 천상의 음악 소리

그 꽃들은 이 세상에서 한 번도 보지도 못한 아주 신비스런 아름다운 꽃들이었다. 또한 향기도 얼마나 그윽한지 말로다 형용할 수 가 없었다.

그 꽃의 향기도 이 세상에서는 전혀 맡아 볼 수 없는 향기였다. 말로 표현 할 수 없는 천상의 꽃향기는 온몸 속으로 스며들어가는 것 같았다. 꽃을 보자 기쁨이 넘쳤다. 얼마만큼이나 또 길을 따라 가니까 어디선가 멀리서 아름다운 음악 소리가 들려왔다. 그 음악소리도 이 세상에서 한 번도 들어볼 수가 없는 천상의 음악 소리였다.

천상에 음악 소리를 들으니 온몸이 새털같이 가볍고 공중으로 부웅 뜨듯이 구름 위로 올라가는 것 같았다. 그것을 어떻게 표현해야 좋을까? 도대체가 무엇으로도 표현할 수가 없다. 나는 이렇게 표현 할 수밖에 없다. 영원히 목마르지 않는 그런 기쁨과 평강이었다. 끝없는 평화, 끝없는 행복과 환희 그것은 어떤 것으로도 표현 할 수가 없었다. 또한 말로도 문자로도 표현할 수가 없다. 무엇인가 생수가 넘친다.

내가 하늘에서 나는 소리를 들으니 많은 물소리와도 같고 큰 우레 소리와도 같은데 내가 들은 소리는 거문고 타는 자들이 그 거문고 를 타는 것 같더라. (계 14:2)

제9장
천국의 보좌

1. 목회자 최고의 면류관

천상의 아름다운 음악소리를 따라 얼마만큼 길을 가니, 어떤 큰 궁전이 보였다. 그 궁전 안에 주님의 보좌 옆에는 찬란하고 아름다운 금면류관을 쓰신 분이 있었다. 그러나 그분은 이 세상에서 아무도 모르는 그런 남루하고 아주 가난한 목사였다. 하늘에 궁전은 마치 우리가 영화에서 사극을 보면 임금이 앉는 그런 보좌와 같았다. 그리고 보면 이 세상은 저 세상의 모형과도 비슷한 것 같다. 나는 궁금했다. 저분은 저 세상에서 어떠한 일을 하셨기에 이렇게 주님 곁에서 찬란한 금면류관을 받았을까? 궁금하여 나는 주님께 물었다.

"주님 저분은 저 세상에서 무슨 일을 하셨기에 천국에서 이렇게 아름다운 금 면류관을 받으셨나요?"

그랬더니 주님은,

"저 세상을 내려다보아라!"

그래서 나는 저 아래 세상을 내려다보았다. 참 신기한 것은 어려서 다니던 이대 앞에 있는 신현장로교회의 정석홍 목사님께서 기도하실 때,

"과거와 현재와 미래가 동일하게 역사하시는 하나님!"

라고 기도를 하셨다. 나는 그 기도가 중·고등학교 시절 그때에는 무슨 뜻인지를 몰랐다. 이 사후세계에 와서 보니 목사님의 그 기도가 정말 실감이 났다. 현재에 놓여있던 내가 현재에서 미래의 세계로 와서, 또한 과거의 세상을 내려다보고 있다. 도대체 사후세계는 무엇으로도 설명을 할 수가 없는 인간의 생각을 넘어 시공을 초월적 세상이었다. 그런데 현재 내가 주님과 함께 궁전에 있어 금 면류관을 쓰신 목사님을 보고 있는데 또 저 아래 세상에서 지난 과거의 살았던 목사님의 생활들이 생생하게 보였다. 1인 2역이다. 이 세상에서는 신기한 일이나 그러나 사후세계 그곳에 있는 나는 그것이 하나도 그렇게 신

기하게 느껴지지를 않았다. 그냥 모든 것들이 당연하고 자연스럽게만 느껴졌다.

> 또 보좌에 둘려 이십사 보좌들이 있고 그 보좌들 위에 이십사 장로들이 흰 옷을 입고 머리에 금 면류관을 쓰고 앉았더라.(계 4:4)

2. 무인도에 초라한 목사의 삶

천국에서 금 면류관을 받은 목사님의 지난 과거의 생활을 나는 내려다보았다. 어느 아름다운 무인도였다. 그곳에 아주 작은 교회가 세워져 있었다. 그 교회에는 성도가 연세가 많은 세 노인뿐이었다. 그저 얼마 아니면 모두 돌아가실 그런 나이가 많으신 할머니 세 분밖에 없었다. 그곳에서 이름도 빛도 없이 초라하고 아주 남루한 차림으로 목회를 하시는 분이셨다. 그런데 천상 위에서 그 목사님을 내려다보니 참으로 거룩하시고 깨끗하며 투명하셨다. 마치 크리스털과 같이 영혼이 너무도 맑고 아름다우셨다.

또한 총명하고 지혜로우며 영성이 깊은 분이셨다. 그분을 도시에서

나는 누구인가

목회를 하신다면 교회가 크게 부흥되고 성도들이 구름 떼 같이 많았을 것 같았다. 그런데 그 훌륭한 분이 이 섬을 떠나지 못하는 것은 단 세 영혼 때문이었다. 이곳을 떠나면 저 할머니 세분들이 모두 지옥을 갈 수밖에 없었다. 때문에 어쩔 수 없이 섬에서 나오지를 못하고 결국 세 노인들을 모두다 천국보네 드리고 당신도 따라 천국에 오신 분이었다. 그분은 한 영혼을 진정으로 사랑하고 귀하게 여기는 분이었다. 주님께서 한 영혼을 천하보다 귀하게 여기시는 말씀을 이루시고 천국에 오신 것이다.

3. 목회자의 매일 밤 회개

또 신기한 것은 천상에서 내가 섬을 내려다 볼 때 목사님은 청빈하고 아주 신령한 분이셨다. 섬에서 사역하시는 가난한 목사님은 매일같이 잠자리에서 회개기도를 하시고 주무시는 것이었다. 그곳에서는 전혀 죄를 지을 일이 없었다. 바다에서 떠오르는 태양이며, 산마루 해지는 황혼이며, 밤이면 바다 위로 쏟아지는 수많은 별들. 나뭇가지에 걸친 아름다운 달빛. 새벽이슬 오솔길에는 예쁜 꽃들과 갖가지의 새들의 노랫소리, 또한 한낮이면 파도소리와 바람소리 풀벌레소리, 도대체 저 아름다운 자연 속에서 죄를 지을 일이 전혀 없었다.

이곳 섬에 계신 목사님은 도시에 살아야 많은 사람들을 보고 저것이 무슨 목사고 장로냐? 저것이 무슨 권사고 크리스천 사람들이냐? 하며 정죄하고 판단 할 것이 아니겠는가. 저 아름다운 대자연 속에서 무엇을 보고 판단하며 정죄하여 죄를 지을 수가 있겠는가!

바다에 떠오르는 태양보고 정죄할 것인가 석양이 지는 황혼을 보고 정죄를 할 것인가. 찬란한 수많은 별들보고, 아름다운 달을 보고 정죄할 것인가 바람소리 파도소리 풀벌레 소리 예쁘고 고운 새들보고 정죄를 할 것인가. 도대체가 죄를 질 환경이 되지를 않았다.

4. 세 노인의 영혼

그 무인도 섬에는 성도 단 세 노인뿐. 얼마 살지 못할 연세가 많은 할머니들은 자기네들을 버리지 않고 섬에 남아 지켜주며 돌보아주는 목사님이 그들에게는 하나님이요 곧 신과 같은 존재였다. 그런데 어떤 뿔 달린 염소새끼가 있어 목사님을 치받고 괴롭히는 사람이 있었겠는가! 그 무엇도 죄를 지을 수 있는 환경이 되지를 않았다. 그런데도 불구하고 그 섬에 계신 목사님은 밤이면 밤바다 잠자리에서 매일 같이 회개를 하고 주무시는 것이었다. 그리고 세 노인을 모두 한 분 한 분 천국에 보내드리고 당신도 따라 천국에 오신 것이었다.

❖

제10장

천국의 천사장

1. 천사옷의 광채

나는 주님께서 저 세상 무인도 섬에서 목회를 하시는 모습을 보여
줌으로 깊이 생각하게 되었다. 하나님 앞에선 사람들이 천 명을 구하
나 한 명을 구하나 마찬가지였다. 하나님은 마음의 중심만 보시는 분
이었다. 일은 하나님께서 각각 그릇대로 사용하면서 하나님의 목적에
따라 직접 일하시는 것이었다.

'그렇다 천국은 이름도 빛도 없이 고국을 떠나 풍토와 기후가 맞지
않는 나라에서 또 기독교박해 속에서 목숨을 바치며 순교하시는 선교
사님들이 천국에서 가장 큰 면류관을 받는 것이겠구나! 그리고 천국은
의인이 천국에 가는 것이 아니라 죄인이 죄를 고백하고 날마다 자신을
성찰하며 회개하는 자가 천국을 가는 것이구나'라고 생각하게 되었다.

천국의 열쇠는 회개였고, 하늘의 면류관은 한 영혼을 천하보다 귀하게 여기는 사람이었다. 주님은 내게 또 말씀하시었다.

"이제 보았느냐?"

"예, 주님!"

"다음은 저 지옥의 세계를 보여 주거라!"

하고 옆에 천사에게 말씀하시었다. 언제 나타났는지 한 천사가 보였다. 그 천사는 말로 형용할 수 없이 아름답고 빛났다. 흰 옷을 입었는데 눈이 부시도록 옷에서 광채가 났다. 천사는 얼마나 크던지 그는 거인 같았고, 나는 난쟁이와 같았다. 키가 약 3m~5m 가량 되어 보였다.

천사의 옷은 말로 글로 하얗다고 표현하는 것뿐이지 하얗다고 말할 수가 없었다. 다만 투명한 것이지. 하지만 그 무엇으로도 말로 표현할 수 없고 글로도 표현할 수도 없다. 그냥 하얗다고 표현하는 것뿐이다. 참 나도 다 충분히 표현하지 못하는 것이 너무 답답하다. 내가 문학 작가도 아니고 문장실력이 뛰어난 것도 아니고 하지만 아무리 문장 실력이 있다하여도 초자연의 세계는 그 누구도 표현할 길이 없다.

그가 너를 위하여 그의 천사들을 명령하사 네 모든 길에서 너를 지키게 하심이라.(시 91:11)

삼가 이 작은 자 중의 하나도 업신여기지 말라. 너희에게 말 하노니 그들의 천사들이 하늘에서 하늘에 계신 내 아버지의 얼굴을 항상 뵈옵느니라.(마 18:10)

능력이 있어 여호와의 말씀을 행하며 그의 말씀의 소리를 듣는 여호와의 천사들이여 여호와를 송축하라.(시 103:20)

내가 또 보니 힘 센 천사가 구름을 입고 하늘에서 내려오는데 그 머리 위에 무지개가 있고 그 얼굴은 해 같고 그 발은 불기둥 같으며.(계 10:1)

2. 영원한 빛의 나라

천국은 평강, 평화, 기쁨, 그 자체였다. 그곳은 슬픔도 고통도 질병도 괴로움도 탄식도 없는 나라였다. 그 기쁨과 평강이 죽지 않고 영원하다는 것이다. 사후세계는 우리가 생각할 수 있는 그런 세상이 아니었다. 이 세상에서는 상상할 수도 없고 생각할 수도 없으며 느낄 수도 없는 세계였다. 우리가 살고 있는 이 땅에는 슬플 때가 있으면 기쁠 때도 있고 죽을 만치 고통스러울 때가 있으면 또 언젠가 행복할 때도 있다.

이 세상은 어둠과 빛 공전의 세상이기 때문이다. 하지만 저 사후세계는 그렇지가 않았다. 이 세상은 두 길이나 저 세상은 오직 한 길뿐이다. 영원한 기쁨의 나라 영원한 고통의 나라. 어둠과 빛으로 갈라지는 나라이다.

저 세상은 중간의 나라가 없다. 빛이냐 어둠이냐 죽음이냐 생명이냐 지옥과 천국 일뿐이다.

모든 눈물을 그 눈에서 닦아 주시니 다시는 사망이 없고 애통하는 것이나 곡하는 것이나 아픈 것이 다시 있지 아니하리니 처음 것들이 다 지나갔음 이러라. (계 21:4)

여호와의 속량함을 받은 자들이 돌아오되 노래하며 시온에 이르러 그들의 머리 위에 영영한 희락을 띠고 기쁨과 즐거움을 얻으리니 슬픔과 탄식이 사라지리로다. (사 35:10)

3. 성별이 없는 세상

또한 그곳은 내가 남자도 아니고 여자도 아니었다. 성별이 없는 곳이었다. 엄마, 아빠, 아들, 딸, 형제자매 그런 어떤 인간적인 관계개념이 전혀 없었다. 다만 하나님 안에서 모두 한 형제였다. 도대체 이것을 어떻게 표현해야 좋을지 모르겠다. 나도 답답해 죽겠다. 글 솜씨도 표현력도 없고, 그러나 어떤 글을 잘 쓰는 작가라 할지라도 그 세계는 글로도 말로도 표현을 할 수 없는 초자연의 세계였다. 사후세계는 인간의 과학이나 이성과 논리로 생각할 수 있는 세계가 아니었다.

사람이 죽은 자 가운데서 살아날 때에는 장가도 아니 가고 시집도 아니 가고 하늘에 있는 천사들과 같으니라.(막 12:25)

❋ 땅에서 받은 면류관은 천국에는 없다

오른손이 하는 일을 왼손이 모르게 하며 왼손이 하는 일을 오른 손이 모르게 하라는 예수님의 말씀이 무슨 뜻의 말씀이신지 그곳에 가서야 실감이 나고 깨달아졌다. 우린 어떤 작은 일을 하고도 그것을 들어내어 자랑하기 바쁘다. 그리고 자신을 들어내기 위하여 명예와 권세를 통해서 부와 권력 자신을 위해서 사용한다. 하나님의 말씀을 빙자해서도 말이다.

❖ 하나님의 공의와 심판에 하나님

참으로 하나님은 공평하신 하나님이셨다. 우주에서 공의로 회전하시는 하나님이셨다. 천국에 가보니 사람의 생각과 하나님의 생각은 전혀 다른, 정반대편에서 계셨다. 사람들은 주님의 일을 열심히 한다고 하나, 하나님과 전혀 관계없는 일들을 하고 있었다. 참으로 기가막혔다. 그곳에서 보니 선한 일을 하나, 마음 그 깊은 곳에는 자기의 욕심이 잔뜩 들어 있었다.

자신도 모르게 자기가 자기에게 속고 속이고 살아가는 것이 참으로 비통할 노릇이었다. 속을 수밖에 없는 것은 우리는 태어날 때부터 첫째 아담 죄악 중에 태어났기 때문에 말씀을 철저히 붙잡고 순종하지 않으면 사탄의 영에게 속고 살아가게 되는 것이다. 그러나 그것을 우리들 자신은 잘 알지 못한다. 모두가 자기가 옳은 일인 줄만 알고 상대방의 말을 경청하려 듣지 않는다. 자신이 알고 느끼고 배우고 체험한 것 외에는 받아들이려 하지 않는다. 어쩌다 목사님들에게 천국과 지옥을 약간만 말해도 시큰둥하다. 도대체가 하나님에 대한 두려움이

❖

전혀 없다.

　하나님의 진노가 얼마나 무섭다는 것을 성경을 통해서도 알 수 있을 텐데 전혀 하나님에 대한 경외함과 두려움이 없다. 목회자인데도 불구하고 그들에겐 천국과 지옥이 없었다. 그들은 하나의 장사꾼에 불과했다. 주님께서 말씀하신 것과 같이 그들은 모두 삯꾼이었다. 마지막 심판 때는 염소와 양은 나누어 질 것이며, 알곡은 곡식 창고에 넣고 쭉정이는 모두 불 아궁이에 들어 갈 것이다.

　우리 목회자들은 절대로 불 아궁이에 들어가는 일은 없어야겠다. 어떻게 해서 목회자 자리까지 왔는가. 뼈를 깎는 아픔의 세월 속에서 이 자리까지 왔다. 세상 즐거움 모든 부와 명예를 버리고 철저한 회개를 통하여 예수님의 제자의 길로 온 것이다. 우리는 주님 없이는 살아 갈 수가 없으며 세상과 타협해서 살아 갈수가 없는 삶이다. 때문에 사탄에게 속지 말고 철저히 하루의 일과를 성찰하며 회개를 통하여 날마다 자기 십자가를 지고 주님의 발자취를 따라가야만 한다.

제11장
천사와 함께 지옥으로 떠남

1. 천사가 지옥장에게 명령

천사는 나의 겨드랑이를 끌어안고 어느 높은 고지에서 갑자기 빠르게 내려오는 느낌이 들었다. 마치 비행기가 땅으로 착륙할 때, 또한 자동차를 몰다가 높은 곳에서 갑자기 내리막길을 빠르게 내려가는 그런 가슴이 철렁한 기분이었다. 나는 천사에 안겨서 큰 바위에 정착했다. 아래 커다란 동굴이 있었는데 그 문 앞에 키가 큰 장성한 사람이 서있었다.

그는 쇠로 된 지팡이를 들고 있었다. 지팡이 끝에는 깃봉이 있었다. 왠지 어디선가 많이 본 듯한 느낌이 들었다. 가만히 생각을 해보니 어려서 엄마를 따라 절에 들어갔을 때 방문 입구 양옆에 그려져 있었던 커다란 도깨비 상과 비슷한 사람 같았다. 그는 지옥을 감당하는 지옥장이었다. 천국에는 천사장이 있었고, 지옥에는 또한 지옥장이 있었다. 나를 데리고 온 천사는 그 지옥장에게 이렇게 말하였다.

"하나님의 이 자녀에게 지옥의 세계를 보여 주거라!"

하고 그 천사는 갑자기 눈 깜박할 사이에 어디론가 사라져 버렸다.

2. 지옥장 안내로 지옥으로 들어감

나는 그 지옥장을 따라서 동굴로 들어가기 시작하였다. 갑자기 앞이 하나도 안보였다. 칠흑같이 캄캄했다. 얼마만큼 들어가니까 앞이 서서히 밝게 보이기 시작했다. 그러나 그 밝음은 유황불의 밝음이었다. 어려서 시골 친구 집에 놀러간 적이 있었다. 예날 시골에는 전등불이 없어서 등잔불과 호롱불을 켰었다. 부엌 아궁이에는 산에서 나무를 해다가 때서 가마솥에 밥을 지었다. 아궁이에 불을 땔 때면 어두웠던 부엌이 아주 밝아졌었던 기억이 난다.

3. 지옥의 밝음은 유황불의 밝음

지옥의 밝음이 바로 그와 같이 붉은색, 불의 밝음, 유황불의 밝음이었다. 천국은 하얗고 빛이 찬란하고 아름다웠으며, 투명한 광체가 나는 밝음이었다. 그러나 지옥은 붉은색 유황불의 밝음이었다. 언젠가 TV에서 일본과 하와이에 있는 화산이 터져 유황불이 끓어 넘쳐흐르는 것을 본적이 있다. 바로 지옥불은 그와 똑같이 유황불이 부글부글 끓는 곳이었다.

아름다운 열매를 맺지 아니하는 나무마다 찍혀 불에 던지우니라.(마 7:19)

거기서는 구더기도 죽지 않고 불도 꺼지지 아니하느니라.(막 9:48)

사람마다 불로써 소금 치듯 함을 받으리라.(막 9:49)

나는 누구인가

제12장
끓는 유황불 구덩이

또 내가 사망으로 그의 자녀를 죽이리니 모든 교회가 나는 사람의 뜻과 마음을 살피는 자인 줄 알지라. 내가 너희 각 사람의 행위대로 갚아 주리라.(계 2:23)

또 그들을 미혹하는 마귀가 불과 유황 못에 던져지니 거기는 그 짐승과 거짓 선지자도 있어 세세토록 밤낮 괴로움을 받으리라.(계 20:10)

짐승이 잡히고 그 앞에서 표적을 행하던 거짓 선지자도 함께 잡혔으니 이는 짐승의 표를 받고 그의 우상에게 경배하던 자들을 표적으로 미혹하던 자라 이 둘이 산채로 유황불 붙는 못에 던져 지고.(계 19:20)

1. 물질 욕심

　나는 지옥장을 따라 들어가 보니 유황불이 부글부글 끓는 큰 구덩이가 보였다. 그 속에 사람들이 빠져 있었다. 그 사람들은 너무도 고통스러워 나를 향하여 살려달라고 소리소리를 질렀으나 나는 그들을 살려줄 수가 없었다. 그런데 이상한 것은 그 끓는 유황불 속에 사람이 빠져있었는데 사람이 타지도 않고 죽지도 않는 것이었다. 사람의 형체는 그대로 이 세상 사람의 모습과 똑같았다. 보고 듣고, 느끼고, 눈코 입 귀 머리 팔 다리 다 있었다.

　너무도 끔찍했다. 가장 무서운 것은 지옥에서 죽지를 않는다는 것이 가장 무섭고 끔찍한 일이었다. 빨리 죽어야 그 고통 속에서 벗어나기 때문이다. 그러나 그 영계의 세계에는 죽고 싶어도 죽지를 못하는 세계였다. 뜨거운 유황불 속에서 영원히 고통을 받고 살아가야만 하는 것이었다. 만약 이 세상에서 그런 유황불 속에 사람이 던져졌다면 빠지자마자 그 자리에 타서 유황불속에 끓는 물이 되고 사람은 흔적도 없이 사라졌을 것이다. 하지만 그곳은 죽지를 않고 펄펄 끓는 유황불 속에서 영원히 고통을 받고 살아가야 하는 곳이었다. 이것을 어떻게 말로도 글로도 표현이 되지를 않는다. 어찌했든 지옥은 절대로 가서는 안 된다.

2. 욕심과 탐욕

나는 지옥장에게 물었다.

"저 사람은 저 세상에서 무슨 죄를 지었기에 저 끓는 유황불 속에서 고통을 받으며 영원히 살아가야만 됩니까?"

지옥장은,

"저 사람은 저 세상에서 물질의 욕심과 탐심이 참으로 많은 사람이었다."

라고 말하였다. 나는 생각하기를,

'아, 욕심은 불을 상징하는 것이구나!'

어려서 일들이 생각이 났다. 이웃집에 이사 가거나 이사 오면 양초와 성냥을 사가지고 갔다. 돈 많이 벌고 불같이 일어나 부자 되라고. 그리고 보면 하늘의 영계에 일어나는 일들이 땅에서도 같은 모형으로 일어나는 것인데 사람들은 무슨 의미인지도 모르고 살아가는 것이다. 돈 욕심을 불로 상징했다.

제13장
가시엉겅퀴

1. 남에게 상처를 많이 준 사람

유황불 구덩이를 지나 또 어느 만큼이나 지옥장을 따라가니 거기는 무슨 우거진 어둠침침한 숲의 늪 같은 곳에 가시엉겅퀴가 있었다. 그 가시엉겅퀴 속에서 사람들이 박혀져 있었다. 그 사람들은 너무 고통스러워서 몸을 이리저리 비틀며 온몸이 찍히고 찢어져서 피투성이가 되어있었다. 몸을 움직일 때마다 약 30cm 가량 되는 가시에 여기저기 박혀 온몸이 다 살점이 뚝뚝 떨어져 찢겨나가 피가 범벅이 되어 흘리며 영원히, 영원히 고통을 받고 살아가는 것이었다. 아! 나는 너무 너무나 끔찍스러웠다. 차라리 빨리 죽으면 얼마나 좋을까. 하지만 죽지 않는다는 것이 비참하고 참담했다. 나는 또 지옥장에게 물었다.

"지옥장 지옥장, 저 사람들은 도대체 저 세상에서 무슨 죄를 지었기에 저렇게 억센 가시엉겅퀴 속에서 온몸을 찢겨가면서 영원히 죽지도 않고 살아가야만 합니까?"

하였더니 그 지옥장은,

"저 사람은 저 세상에서 남에게 상처를 참으로 많이 준 사람이다."

라고 말하였다. 나는 또 생각을 깊이 했다.

2. 온몸이 갈가리 찢기며 영원히 살아감

'아! 남에게 상처를 주면 지옥에서 저렇게 가시엉겅퀴 속에 찔림을 받으며 온몸이 살점이 찢어져 나가는 고통과 상처를 받고 살아가는 것이구나!'

참으로 끔찍한 지옥의 세계였다. 우리는 절대로 남에게 상처를 주어서는 안 된다. 우리 크리스천들은 소망과 희망 꿈을 주는 긍정적인 말만 해야 한다. 그것이 기독교인이요 하나님의 빛의 자녀인 것이다. 그런데 사람들은 얼마나 남에게 상처 주는 말을 서슴지도 않고 하는가, 성찰하며 부지중에 알게 모르게 우리는 남에게 상처를 주고 고통을 주는 일은 없는가, 회개해야 한다. 이 지옥의 가시엉겅퀴 속으로 오지 않으려면 말이다. 행여나 우리는 상대방에게 위로해 준다고 하며 상처 주는 말은 하지 않았는지 항상 말에 조심스러워야 한다. 내가 영성 훈련을 받을 때 원장님께서 항상 하시는 말씀이 있었다.

"사람은 입만 벌리면 죄 덩어리니 그저 입을 다물고 사는 것이 덜 죄를 짓고 사는 것입니다"라고 말씀하셨다.

말이란 사람을 죽이기도 하고 살리기도 한다. 말에 상처를 받아 평생을 가슴에 담고 살아가는 사람도 적지 않다.

3. 회개를 가장 많이 한 사람

그렇다 우리는 눈만 뜨면 죄 속에서 살아간다. 그러면서도 자신이 가장 의로운 척, 선한 척, 착한 척 하면서 살아간다. 날마다 우리는 잠자리에서 하루의 일과를 돌이켜 잘못된 점은 없었는가 하고 성찰하며 회개하고 자야 한다. 그러면 죄를 많이 지어 상급은 없다할지언정 지옥은 가지를 않지 않는가. 천국을 가보니 회개를 가장 많이 한 자가 가장 의로운 자였으며, 가장 큰 면류관을 받은 자였다.

선하고 겸손한 자가 더욱 회개를 한다. 깨끗하면 깨끗할수록 더 많은 회개를 하고 더러우면 더러울 수록에 회개를 전혀 하지를 않는다. 악하고 교만한 사람은 회개가 없다. 천국은 사람이 생각하는 것과 하나님의 생각은 항상 정 반대편에 계셨다. 천국에서 보니 믿음이 많은 사람들이 열심히 주님의 일을 한다고 하나 그러나 하나님과 전혀 상관없이 열심히 주님의 일을 하는 것이었다. 참으로 어처구니없고 답답한 노릇이었다.

제14장
똥물과 구더기가 끓는 구덩이

1. 똥물과 구더기를 먹고 마심

거기서는 구더기도 죽지 않고 불도 꺼지지 아니 하느니라. (막 9:48)

가시엉겅퀴를 벗어나 나는 지옥장을 따라 어느 만큼이나 꼬불꼬불한 길을 지나갔다. 또 큰 구덩이가 나왔다. 이곳은 똥물과 구더기가 끓는 아주 크고 넓은 구덩이였다. 이 속에도 사람들이 빠져 있는 것이었다. 사람의 몸의 구멍이 난, 구멍에는 모두가(눈, 코, 입, 귀, 항문) 똥물과 구더기가 들어갔다 나왔다하고 그 악취 나는 똥물과 구더기를 먹고 마시며 죽지 않고 영원히 살아가는 것이었다.

우리가 사는 세상에서는 전혀 상상을 초월하는 세계였다. 너무 끔

나는 누구인가

찍하고 더러워서 상세하게 글로 표현하며 쓸 수가 없다. 무엇보다도 죽지를 않는 것이 제일 무서웠다. 저 끔찍한 구덩이에서 빠져나오지 못한 채 영원히 고통을 당하며 살아가야 한다는 것이다. 지금 글로 지옥에 일어나는 일들을 표현하는 것은 천만분지의 일도, 억만 분지의 일도 표현되지를 못한다.

2. 이 세상의 음란죄

나는 또 지옥장에게 물었다.

"지옥장, 저들은 저 세상에서 무슨 죄를 지었기에 저 악취 나는 똥물과 구더기를 먹고 마시며 영원히 살아가야만 합니까?"

지옥장은,

"저들은 저 세상에서 음란죄를 지은 사람이다."

(지옥장의 말투는 그렇게 친절한 말투는 아니었다. 어떤 그 누구의 높은 분의 명령과 지시에 따라 의무적으로 말해주는 말투였다. 그러면서 지옥장이 나에 대한 느낌은 함부로 할 수 없는 귀한 어린 소녀로 느껴지는 태도였다.)

그래서 나는 생각하기를,

'아, 음란죄가 세상에서 가장 더러운 죄이구나!'라고 생각하게 되었다.

하나님 말씀에서 벗어난 여자와 남자의 성관계. 동성연애 결혼, 결혼 전 성관계, 남편을 두고 다른 남자와의 성관계, 아내를 두고 다른 여자와의 성관계, 친족과의 성관계, 성경 말씀에서 벗어난 성관계자들은 모두 지옥에서 가장 더럽고 악취 나는 곳의 구더기와 똥물을 먹으며 살아가는 형벌이었다.

이렇게 하나님의 말씀에서 벗어난 사람들은 이 끔찍한 지옥으로 오는 것을 모르고 얼마나 많은 사람들이 향락에 빠져 술과 마약 음란죄를 짓고 살아가는가.

요즘에는 이혼율이 많아 서로 맞는지 안 맞는지 일 년을 살아보고 결혼을 하겠다고 하는 사람들도 있다. 인간의 고귀하고 아름다운 성이 무너져가고 있다. 하나님의 창조 질서가 소돔과 고모라시대와 같이 음란과 우상으로 점점 세상은 무너져 가고 있다. 내가 어려서 어른들이 살아갔던 시절들을 비교해보면 참으로 윤리와 도덕이 깨지고 세상은 많이 타락해져가고 있는 것을 보고 느낀다. 엄청난 죄를 밥 먹듯이 지어도 전혀 죄의식들이 없다. 양심들이 모두가 화인 맞은 사람들과 같이 살아간다. 말세에는 사람들이 이성을 잃은 짐승화 되어간다고 하는 성경 말씀이 이루어져 가고 있다.

제15장

독사들이 있는 뱀 구덩이

1. 지옥은 끔찍하고 무서운 곳

　지옥은 너무도 끔찍하고 무서운 곳이었다. 그들을 살려 줄 수가 없는 것이 참으로 처절한 일이었다. 똥물구덩이를 지나 지옥장을 따라서 또 어느 만큼이나 구부러진 미로와 같은 길을 한참 지나갔다. 또 깊은 구덩이가 나왔다. 그곳은 독사들이 사는 뱀 구덩이였다. 그곳에 많은 사람들이 빠져 있는데 뱀들이 모두 사람들에게 달려들어 온몸을 챙챙 감겨서 독을 품어대고 있었다.

　사람들은 온몸에 독이 번져서 마치 몸속에 지렁이가 들어가 꿈틀대듯이 울퉁불퉁해져 괴물의 형상으로 변해갔다. 도저히 상상할 수가 없다. 어떻게 말로다 표현이 안 된다. 왜, 나에게만 보여 주시는 것일까? 좀 세상 사람들에게도 모두 보여줘서 지옥에 오지 말게 하시지. 마음속으로 생각을 하였다.

2. 거짓말과 사기꾼들의 죄

나는 또 물었다.

"지옥장, 대체 저들은 저 세상에서 또 무슨 죄를 지었기에 저 끔찍한 뱀 구덩이에서 독을 마시며 죽지도 않고 저렇게 영원히 고통을 받으면서 살아가야만 합니까?" 지옥장은 뱀 구덩이를 손으로 지적하며,

"저들은 저 세상에서 남에게 거짓말과 이간질하고, 사기를 쳐서 많은 사람들에게 재산을 갈취하고 억울하게 해를 끼친 자들이다."

그래서 뱀의 혀는 두 개라고 말하여 주었다. 뱀의 혀가 두 개라는 말에 그때서야 나는 뱀의 혀가 두 개인지 알았다. TV에서 동물의 세계를 보면 뱀의 혀가 두 갈래로 갈라지는 것을 보았다. 그 뜻은 한 입에서 두 말을 한다는 것이었다. 뱀은 거짓말을 한다는 것이다. 그리고 보면 성경 말씀은 비유로 쓰는 모든 글들이 참으로 비유만은 아니고 모두 그 문자 사실로만 느껴졌다.

3. 인류 최초의 타락 뱀의 간교

하나님은 에덴동산 모든 것은 먹되 중앙에 있는 선악과는 따먹지 말라 하셨다. 그러나 인간의 최초의 타락은 뱀의 간교한 거짓말로 인하여 하와가 그 말을 듣고 아담과 함께 선악과를 따먹음으로 하여 죄를 짓게 된다. 그로 인하여 하나님 앞에 불순종함으로 인류는 타락하게 되었다. 이 말씀이 지옥을 다녀온 후에야 비유가 아니라 실제와 사실로 믿어졌다. 초자연의 깊은 경지로 들어가게 되면 모든 자연과도 교감을 이루게 되어 대화를 나누게 된다. 하고 싶은 말은 많으나 독자들이 걸려 넘어질까 두려워 말할 수가 없다.

하나님은 나를 성령의 자갈을 입에 물려 명청한 바보와 벙어리로 만들어 버리셨다.

들을 귀가 그렇게 많지를 않기 때문이다. 사람들은 자기가 보고 듣고 배우고 체험한 세계만을 이해하고 받아들이기 때문이다. 하나님의 말씀을 다 기록하자면 이 우주를 쌓아도 쌓아도 다 부족할 것이다. 하나님의 말씀은 성령이 오셔서 깨닫게 해주셔야만 말씀을 이해 할 수가 있다. 말씀을 지식으로 이해하고 아는 것과 성령님이 말씀을 깨닫게 해주시는 것은 천국과 지옥의 차이다.

(어느 장로님의 간증: 천국에 갔더니 신학자가 천국에 올라오니 천사들이 기히 여기며 "와~ 신학자가 올라온다." 천사들이 환성을 높이더란다.)

뱀의 간교로 인한 인간의 타락의 원조(창 3:1~6)

여호와 하나님이 그 사람에게 명하여 이르시되 동산 각종 나무의 열매는 네가 임의로 먹되.(창 2:16)

선악을 알게 하는 나무의 열매는 먹지 말라. 네가 먹는 날에는 반드시 죽으리라 하시니라.(창 2:17)

그런데 뱀은 여호와 하나님이 지으신 들짐승 중에 가장 간교하니라 뱀이 여자에게 물어 이르되 하나님이 참으로 너희에게 동산 모든 나무의 열매를 먹지 말라 하시더냐.(창 3:1)

여자가 뱀에게 말하되 동산 나무의 열매를 우리가 먹을 수 있으나.(창 3:2)

동산 중앙에 있는 나무의 열매는 하나님의 말씀에 너희는 먹지도 말고 만지지도 말라 너희가 죽을까 하노라 하셨느니라.(창 3:3)

뱀이 여자에게 이르되 너희가 결코 죽지 아니하리라.(창 3:4)

너희가 그것을 먹는 날에는 너희 눈이 밝아져 하나님과 같이 되어 선악을 알 줄 하나님이 아심이니라.(창 3:5)

✦

여자가 그 나무를 본즉 먹음직도 하고 보암직도 하고 지혜롭게 할 만큼 탐스럽기도 한 나무인지라 여자가 그 열매를 따먹고 자기와 함께 있는 남편에게도 주매 그도 먹은지라.(창 3:6)

인간의 타락은 이렇게 아담과 하와로 사탄 뱀의 혀 거짓의 속임을 당함으로부터 시작되었다.

제16장
시커먼 구렁이 구덩이

1. 지옥의 마지막 최고의 형벌

나는 또 뱀 구덩이를 지나 얼마만큼 지옥장을 따라 갔다. 이제 지옥에서 마지막 구덩이라고 지옥장은 나에게 말해주었다. 이 구덩이는 지옥에서 가장 큰 형벌을 받는 구덩이라고 하였다. 지금까지 본 중에서 가장 큰 구덩이가 나왔다. 그곳에는 아주 새까만 구렁이들이 몸통 두께와 길이가 엄청 크고 길었다. 몸통이 마치 큰 고목나무 두께와 같이 굵었다. 사람들은 뱀 구덩이에서 본 것처럼 사람들의 온몸을 구렁이들이 챙챙 감고 있었다.

너무도 징그럽고 무서웠고 끔찍한 구덩이였다. 그곳에 빠져 있는 사람들은 너무 고통스러워 나를 보고 살려달라고 소리 소리를 질렀으나 나는 그들은 어떻게 살려줄 수가 없었다. 손을 나에게 내미는 그들이 너무도 안타까웠다. 얼굴의 형상과 온몸은 독으로 번져 썩고 부패한 냄새와 악취가 형용할 수 없으리 만큼 지독했고 형상은 괴물과 같은 흉측스러운 모습들이었다. 나는 지옥장에게 또 물었다.

2. 우상 숭배자와 훌륭한 목회자들

"지옥장, 저들은 저 세상에서 무슨 죄를 지어서 저 끔찍한 구렁이 구덩이에서 영원히 죽지도 않고 살아가야만 합니까?"

지옥장은 이렇게 말하였다.

"저들은 우상 숭배자들과 저 세상에서 가장 큰 교회를 세운 훌륭한 목회자들이다."

수많은 교회와 많은 영혼들을 살리고 또한 수많은 선교지를 세운 유명한 목사님이셨다. 언제나 부러움의 상대, 저 훌륭한 목사님은 얼마나 천국에서 큰 면류관을 받으실까? 하고 생각했던 목사님이 지옥에서 가장 큰 형벌을 받고 있었다. 도저히 이해가 가지를 않았다. 사후 세계는 이 세상에서 사람들이 생각하는 이성의 논리나 이론과 과학으로 증명할 수 없는 세계였다. 그곳은 말로 설명할 수 없는 세계였다. 하나님의 생각과 사람의 생각은 항상 정반대 편에 계셨다. 지옥과 천국은 하나님과 사람의 1:1의 관계요, 오직 하나님만 아시는 것이었다. 우리 사람은 전혀 알 수 없는 일이었다. 절대로 우리의 입술로 정죄하거나 판단하면은 안 된다. 그것은 하나님만의 영역이기 때문이다.

3. 말씀을 팔아먹은 목회자들

"지옥장, 저 목사님은 저 세상에서 얼마나 많은 영혼들을 살리고 많은 교회도 짓고 선교지역도 많이 세웠는데 어째서 지옥에서 가장 큰 형벌을 받아야만 합니까?"

나는 지옥장에게 또 물었다. 지옥장은 이제 나에게 마지막이라 그런지 좀 친절하게 말해주었다.

"저 세상에서 저 훌륭한 목사들은 하나님의 말씀을 팔아먹은 자들이란다. 그들은 하나님 자리에서 마음껏 누리고 살았지. 하나님을 빙자해서 성도들의 재산을 갈취하여 자기의 배를 채운 자들이란다. 또한 성도들의 재산뿐만 아니라 음란을 일삼는 자들이지. 그러나 저 세상 사람들은 전혀 모르지. 하지만 하늘에서는 다보고 생명기록 책에 다 기록되어 있단다. 사진처럼 다 촬영이 되어있지. 그래서 저 세상의 행위대로 하늘나라에 와서 심판을 받는 것이란다."

라고 지옥장은 모처럼 친절하게 말해 주었다.

나는 어처구니가 없었고 도저히 이해할 수가 없었다. 또한 믿을 수도 없었고 한마디로 충격이었다. 심장이 멎고 몸이 굳어지는 것 같은 느낌이 들었다. 훌륭한 성직자들의 삶이 너무도 충격이 컸기 때문이다. 도저히 믿고 싶지가 않았다. 그때 나는 24살이었고 1972년도에 일어난 일들이었다. 그 시절만 해도 이렇게 세상이 악하고 성직자들이 타락하지는 않았었다.

나는 가계의 저주가 끊어지면서 신학을 들어가게 되었다. 뒤늦게야 목사가 되었고, 현재 20년 동안의 목회자들의 세계를 들여다보니 그때 그 천국과 지옥의 세계가 조금은 이해가 되는 것이었다. 나이도 어리고 평신도 때에는 지옥을 보여주며 아무리 설명을 해주어도 잘 이해가 가지를 않았다. 도저히 받아들일 수가 없었기 때문이었다. 그러나 내가 목사가 되어 목회자들의 깊은 내면의 세계를 들여다보고서야 사후세계에서 지옥장이 설명해 준 것들이 모두 이해가 갔다. 나는 목사까지는 되고 싶지를 않았다. 전도사까지만 공부를 하고 기도원을 하려 했다. 쪼개지고 갈라지는 교회를 세우기 위해서였다.

교회는 아버지 역할이고 기도원은 어머니 역할이라고 생각 했다. 하지만 하나님은 이리저리 몰고 다니시면서 끝까지 목회자로 세우셨다. 하나님은 하나님의 목적을 위해서 어떠한 방법이든지 사용하여 이루어 나가신다. 결국 하나님은 나에게 목회자들이 지옥 가는 이유들을 실제로 눈으로 보여주시고 확인 시켜주기 위해서이었다. 그래야 내가 더욱 실감 나서 담대하고 확실하게 간증을 할 수 있기 때문이었다. 목회자 세계로 들어오니 깜짝 놀랄 일들이 많이 있었다. 내가 신학을 들어가 목회자가 되지를 않았다면 끝까지 이 세계를 보지를 못했을 것이다. 평신도는 도저히 알 길이 없다. 목사가 되기 전에는 나도 전혀 몰랐으니까. 다만 영적으로만 환상을 통해서 느낄 뿐이었다.

나의 영은 날 선 칼날과 같이 예리하고 느낌이 강했다. 그러나 영의 느낌은 현장을 직접체험하고 목격 한 것은 아니다. 때문에 직접 눈으로 보고 체험시키기 위해서 하나님은 목회자까지 공부를 시키신 것이었다. 이해할 수 없었던 사후세계와 이제는 지옥장이 한말과 주님이 보여주신 사건들이 너무나 확실하고 정확한 일들이었다. 천국에 세계에서는 머리카락도 셀 수 있는 나라이다. 죄를 감출 수 없는 영계였다. 하나님은 특별히 주의 종들을 사랑하시었다. 어둠의 영들은 마지막 때 더욱 주의 종들을 집중적으로 공격한다. 사탄은 교회를 문 닫는

나는 누구인가

것이 목적이기 때문이다. 우리는 여기서 서로 판단하지 말고 십자가를 지고 정신 차려 사탄에게 속아 절대로 지옥으로 떨어져선 안 된다.

명예, 물질, 음란, 이 세 가지 큰 덩어리만 버리면 다른 것들은 쉽게 이겨날 수 있을 것이다. 내가 어느 썩은 동화 밧줄에 걸려 있는가? 지금 빨리 회개하고 빠져 나와야 한다. 우리에겐 예수님 재림, 인류 종말 오기 전에 개인의 종말이 더 빠를 수도 있기 때문에 정신 차려야 한다. 사람은 모두가 언제 죽을지 모르는 시한부의 인생들인 것이다. 깊은 영적 잠에서 깨어나자. 지옥은 절대로 가서는 안 된다. 우리 모두 천국 가자! 그곳은 우리가 생각할 수 없는 기쁨과 평강의 나라 주님과 함께하는 영원한 나라다.

제17장

영혼이 육체 속으로 들어옴

1. 영혼이 육체로 돌아옴

마지막 지옥의 새까만 구렁이 구덩이를 본 뒤에 어느 사이 나의 영혼은 육체 속으로 들어와 있었다. 그리고 아주 깊은 잠에서 깨어난 듯했다. 눈을 뜨고 깨어서 보니, 내 몸이 사시나무 떨듯 부들부들 떨고 있었다. 정말 무섭고 두렵고 어찌 할 바를 몰랐다. 지옥의 세계가 선명하게 떠올랐다. 그러나 영계에서는 이렇게 무섭고 두려워 떨지를 않았다. 영으로 갔으니 그 세계를 볼 수가 있었던 것이지, 육체라면 그 세계를 도저히 무서워서 볼 수도 없고 그곳을 지나갈 수도 없었을 것이다.

나의 영혼이 육체로 돌아와서야 그들이 너무도 불쌍하고 처참하여

평평 울었다. 도저히 그들을 살려줄 수가 없었다. 또 죽지 않는다는 것이 너무도 끔찍하고 고통스러운 것이었다. 영계의 세계는 영원히 죽지 않는 세계였다. 지옥에서 가장 무서운 것이 있다면 죽지를 않는다는 것이다. 그곳에서 빠져 나올 수 없는 끝없는 고통의 영원한 연속인 것이었다. 나는 그것이 제일 무서웠다. 이생의 고통은 잠시 잠깐이지만 저 세상은 시작도 끝도 없는 영원한 지옥의 참담한 세계인 것이었다. 절대로 지옥은 가서 안 된다. 이생에서 가장 위험한 것은 자살이었다. 교도소에 있는 사형수는 회개할 수 있는 기회가 있으나 자살은 회개의 기회가 없다. 어떠한 어려움과 고통이 다가와도 자살은 절대로 해서는 안 된다. 주님께로 돌아오면 모든 고통 사라진다. 가까운 교회를 나가 말씀을 듣자. 성경을 읽고 듣고 깨닫고 실천하자!

2. 육체가 살아있을 때만 영혼을 살릴 수 있다

영혼의 생명은 육체가 살아있을 때만이 살릴 수 있는 기회이다. 육체가 죽은 뒤에는 영혼은 살릴 수가 없다. 육체는 영혼을 담는 질그릇이다. 육체가 죽는 그 순간 육체는 흙으로 돌아가고 영혼은 육체 속에서 빠져나가 백 보좌 심판대 위에 서서 이 세상에서의 행위대로 심판을 받고 영원한 지옥과 천국으로 가게 되는 것이다. 내가 본 지옥은 고통이 멈추지 않는 세계였다. 천국은 슬픔도 탄식도 질병도 없고, 오직 기쁨과 평강만이 충만하며, 주님과 영원히 함께하는 나라였다. 이세상은 괴로움도 행복도 함께 하며 선과 악의 공존하는 악령과 성령이 동일하게 역사하는 세상이다. 불행한 날이 있는가 하면 언젠간 또 행복한 날도 있으며 건강할 때가 있으면 병들 때도 있다. 슬플 때가 있으면 기쁠 때도 있다. 하지만 저 사후세계에는 모두 함께하는 세상이 아니라 오직 두 길로 나누어져 고통의 나라와 기쁨의 나라, 악의 나라와 선의 나라, 빛의 나라와 어둠의 나라 천국과 지옥으로 나누어지는 세상이다. 중간세상이란 없었다. 오고 갈 수도 없는 세상이었다.

3. 명동 길을 울면서 걸었다

지옥과 천국을 다녀온 후, 어느 날 나는 명동 길을 걸었다. 수많은 사람들이 가지 말아야 할 길을 가고 있었다. 보지 말아야 할 것을 보며, 듣지 말아야 할 것을 듣고, 먹지 말아야 할 것을 먹는다. 죄를 먹고 마시며 살아가는 모습들이 보였다. 저리로 가면 불구덩이로 가는데 그들은 아무것도 모르는 채 그저 희희낙락에 죄에 빠져 지옥을 향하여 달려가고 있었다. 마치 모든 사람들이 지옥 가는 대행연습들을 하고 살아가는 것만 같았다. 너무나 사람들의 영혼이 불쌍했다. 그 모습을 바라보는 나는 너무도 가슴이 답답하고 먹먹하였다. 두 눈에서는 눈물이 끝없이 흘러 내렸다. 지나가는 사람들은 나를 보며 동정하는 듯이 바라보았다.

"얼굴이 곱고 예쁜 아가씨가 어느 남자에게서 채였구나. 아이고, 불쌍해라. 쯔쯔쯔!"

하며 실현을 당한 것 같이 그들에게는 내가 그렇게 보였다. 모두 다 동정하는 듯이 나를 바라보았다. 꽃다운 청춘 24살이니 그렇게 볼만도 했다. 영혼을 불쌍히 여기고 긍휼한 마음이 없다는 것은 성령으로 거듭나지 않았다는 것이다. 또한 지옥과 천국에 대한 체험이 절실하게 없기 때문이다. 물과 성령으로 거듭나지 않으면 천국에 들어갈 수 없다. 그것은 육체는 살아 숨은 쉬나 영혼은 죽어있기 때문이다. 육체가 부모로부터 태어나듯 영혼도 하늘에서 내려오는 성령으로 다시 태어나야만 한다. 그리고 성장해야 하며 영적 전쟁터에서 싸워 승리한 자만이 천국에 들어갈 수 있다.

영적으로 거듭나면 각종 공중권세자들 어둠의 영들이 우는 사자와 같이 공격해 온다. 절대로 천국입성 못하도록 여러 가지 모양으로 유혹하여 실족시켜 지옥으로 끌고 가려한다. 때문에 성령으로 거듭났다 하여 모두 천국에 들어가는 것도 아니었다. 은사를 받고 병을 고치고 선교지를 많이 세웠다고 천국 가는 것도 아니었다. 이 세상에 사는 동안 지옥으로 끌고 가는 사탄의 영과 싸워서 이겨야 만했다. 천국문은 아주 좁고 협착한 문이었다. 그런데 많은 사람들은 착각 속에서 자신에게 속고 살아간다. 천국은 개나 소나 돼지가 들어가는 곳이 아니다. 짐승은 천국이 없다. 천국은 하나님 형상을 회복한 하나님의 빛의 자녀들만 들어간다.

제18장
천국과 지옥을 다녀오고도 죄를 지었다

1. 영혼이 성장해야 한다

자! 지금부터 참으로 중요하고 심각한 말이다. 나는 초자연 속에서 하나님을 만났다. 내가 누구이며 내가 어디서 와서 어디에 있으며 어디로 가는지도 깨닫고 알게 되었다. 그리고 지옥과 천국을 다녀오고 나는 영안이 열리게 되어 많은 은사를 하나님께서 주셨다. 사람을 보면 과거, 현재, 미래가 보였으며 환상으로 목회자들이 단상에서 설교를 할 때면 그 목회자들의 형상이 갖가지의 모습들로 보여주셨다.

어떤 이는 머리는 뱀이요, 몸은 사람이며 어떤 이는 아래는 뱀의 형상이고 머리는 사람이며 어떤 이는 머리는 일곱 머리의 뱀이요 아래는 사람의 형상이었다. 뱀뿐인 아닌 이러한 갖가지의 형상을 보였을 땐 너무도 끔찍스럽고 무서웠다. 나는 한 번도 이러한 현상들을 누구에게도 말해 본 적이 없다. 글로 처음 써나가는 것이다. 두렵기도 하고 떨리기도 했으며 이해하기도 어려웠다.

그리고 어떤 이는 흰 세마포를 입혀 주었으며 양쪽에는 천사들이 그를 보호하고 있었다. 머리엔 광채가 나기도 했다. 내가 목회자가 되고 이제야 수많은 목회자들의 세계에 들어가 보면서 지금은 주님께서 보여주신 모든 환상들이 무슨 뜻인지 충분히 이해가 간다. 때문에 글로라도 쓸 수가 있었다. 그래도 본 것을 다 말하고 쓸 수는 없다. 이 정도만 해도 들을 귀가 있는 사람은 들을 것이며 영적으로 깨어난 은사자 들은 무슨 뜻인지 알기 때문이다. 영의 세계는 학문과 지식으로 배우고 말로나 글로 읽어서 알 수 있는 세계가 아니다.

성령이 내 심령가운데 들어오셔서 스스로 깨달아 져야 하는 것이다. 하지만 너무도 이상했다. 그렇게 지옥과 천국을 다녀왔고 많은 은사를 받았으나 나는 하나님께 참 많은 죄를 지으며 살아왔다는 것이다. 이것이 참으로 놀라운 일이다. 성령으로 거듭나 천국과 지옥을 다녀오고 모든 은사를 받았다고 해도 그것이 다가 아니었다. 한 번 구원은 영원한 구원이 아니었으며 한 번 성령의 충만도 영원한 성령 충만이 아니었다. 이 세상은 선과 악, 빛과 어둠 의 공전이기 때문에 언제 내가 어둠에 사로잡혀 결박당할지 모르는 세상에 살고 있기 때문이다.

나는 누구인가

중요한 것은 하나님과 나와의 관계에서 말씀과 회개의 기도로 날마다 회복되어 영혼이 그리스도의 장성한 분량까지 성장해 나가야 한다는 것이었다. 말씀이 육신이 되어 삶이 바뀌어져야 한다. 생각이 바뀌고 목적의식이 바뀌고 삶 자체가 바뀌어 말씀이 실천되어야 한다. 은사가 성화되는 것은 아니다. 천국은 투쟁이다. 자신을 매일 같이 쳐서 십자가에 복종시켜 죽어야 산다. 천국 가는 이 세상의 길은 사막을 홀로 가는 고독한 길이며 폭풍 속에서 살아가는 영적 피 터지는 전쟁터인 것이었다. 말씀이 무지하고 말씀대로 살지 못하면 언제든지 사탄의 밥이 되어 실족하여 넘어질 수도 있다는 것이다. 참으로 두렵고 끔찍한 일이다. 영의 세계는 남에게 속는 것이 아니라 내가 내 자신에게 속는다는 것이다.

　지금 내가 목회자가 된 자리에서 지난날을 돌아보며 회상하면 자신을 도저히 이해할 수도 없고 용납할 수도 없다. 영성훈련을 받지 않고 또한 목회자 아카데미 영성신학을 더욱 깊이 연구하며 공부를 하지 않았다면 어쩌면 목회자가 되어서도 또한 더 큰 죄를 지었을 지도 모르는 일이었다. 많은 성도와 목회자들이 자기 자신에게 속아 살아가는 경우가 많다. 말씀을 읽고 성찰하며 매일 기도로 깨어 있어야 한다. 철저한 말씀과 순종을 통하여 눈만 뜨면 자기와의 두 영과 영적 싸움인 것이다. 회개를 통하여 하나님과 나와의 관계가 날마다 회복되어야 한다. 목회자가 먼저 회복되어야 성도가 회복될 수 있다.

❖

2. 목회자가 되기 전에 먼저 온전한 사람이 되자

나는 미국 밴쿠버와 아름다운 포틀랜드 또한 유타주에서 살면서 짧은 사역을 한 적이 있었다. 지금 생각하면 소설 같고 영화 같은 일들을 겪으면서 목회자들을 통하여 많은 체험들을 했다. 잠시 밴쿠버와 포틀랜드에서 팀목을 하고 다시 떠나 유타주에서 또다시 정착하여 사역하던 소망교회에서 우리 목사님과 함께 나오게 되었다. 이상하게 나에게는 한국보다 외국을 나가면 전혀 모르는 분들에게 도움을 받는 일들이 많이 생긴다.

밴쿠버에 한인 장로교회에 목사님께서 전도사님이 떠나기 전 식사를 함께하자고 하셨다. 상황이 긴박한 상황이라 시간이 없어 그냥 떠난다고 만나주지를 못하였다. 전화도 바빠서 못 받고 만나드리지 못하니까 한인 밴쿠버 목사님은 직접 권사님과 성도들과 함께 집을 방문하셨다. 그리고 봉투를 주시면서 성도들이 모아서 선교헌금으로 가져왔다고 하셨다. 이것으로 차가 없으니 우리 교회장로님 운영하시는 중고차 매매센터에 가서 차를 사면 좋은 차를 주실 테니 차를 사서 떠나라고 하셨다. 너무 감사했고 미안했다. 밴쿠버에 계신 목사님께 신학교 때 쓴『현대인을 위한 목회자상』이란 논문을 읽어보시고 다시 달라고 한 것밖에는 없었다. 논문이 한 권밖에 없기 때문에 그나마 논문 한 권도 들이지를 못하였다. 밴쿠버장로교회 목사님께서 신학교 때

나는 누구인가

쓴 나의 논문 내용이 감명 깊게 읽으셨던 것 같다. 미국에선 가장 고맙고 잊을 수 없는 목사님이시다.

그리고 유타주 미국 침례교회에서는 교회를 쓸 수 있도록 해 줄 테니 유타주에서 개척하라고 하였다. L·A에서는 다달이 천칠백 불 후원해 줄 테니 한국을 나가지 말고 교회를 개척하라고 하였다. 3개월이면 영주권이 나올 무렵이었다. 모든 것이 사역자로서는 참으로 짧은 기간에 상황과 좋은 조건들이었다. 그리고 사역하던 기존 교회에서는 경제적 능력 계신 분들이 모두 나와 개척하자고 도와드리겠다고 하였다. 그러나 나는 반대하였다. 지금 갈라진 교회가 또 분열이 되어서 갈라진다는 것은 하나님의 뜻이 아니라고 하였다. 그것은 우리 목사님이 부족한 것을 너무 잘 알기 때문이었다. 그러나 성도들은 외모를 많이 본다. 영적인 내면을 보지를 못한다. 나는 성도들에게 달래면 말했다.

"내가 한국을 나가지 않고 유타주에 머물면서 개척한다하여도 나는 이 교회에 한사람의 성도도 사역자도 데려가지 않을 것이며 더더욱 S 교회에 물질로 후원하고 있는 여러분들 에게는 마음은 고맙지만 절대로 기존 교회를 떠나 여러분들을 데리고 나가서 함께 일할수가 없습니다. 나는 이곳에 머물러 개척을 한다 하여도 새롭게 시작할 것입니다. 하지만 저는 한국에 나가 더 공부를 해야만 하고, 더욱 더 성장해야만 합니다."

왜냐하면 은사만 가지고는 안 되는 것이었다. 더욱 영성이 깊은 학문을 쌓아야만 했다. 그래서 탄탄하게 영적으로 성장하여 일을 해야 한다고 생각했다. 사탄은 그 사람의 연약하고 부족한 것 틈을 타고 들어와 무너트리기 때문이다. 그들은 나를 보고 너무나 고지식하며 답답하다고 말하였다. 지금 한국에 나가면 또 미국에 들어오기가 힘들다고 그들은 눈물을 글썽이며 나에게 간곡히 말하였다. 나는 성도들을 위로하면서,

"나는 이곳에 영주권을 얻으러 온 것이 아니고 하나님의 일로 왔습니다. 한국에 나가서 못 들어오면 I·M·F로 나라가 어려운 지경에 있는데 나라와 민족을 위하여 기도하라는 것이겠지요. 사람의 방법이 때론 화려하고 지름길이고 빠른 길 같으나, 또한 하나님의 길은 어리석고 바보 천치 같은 길이라 할지라도, 천국에 열매는 하나님의 방법대로 살아가야만 합니다. 하나님의 일은 사람이 하는 것이 아니라 하나님께서는 하나님의 방법대로 온 우주를 이끌어 가십니다."

나를 돕겠다는 전도사와 성도들에게 진심으로 사랑하고 위로하는 마음으로 말하였다. 그들은 내가 너무도 융통성이 없고 답답하게만 느껴졌다. 그러나 하나님에 일은 사람의 재주나 융통성가지고 일하는 것이 아니다.

창가에 햇살이 방 안 깊숙이 침대까지 비쳐 들어왔다. 나는 맑고 청

아한 하늘을 바라보며 두 손 모아 무릎 꿇고 이렇게 기도를 하였다.

"주님, 공부를 더하여 이제 목회자의 길까지 가겠나이다. 하지만 주님 내가 목사가 되기 전에 먼저 올바른 사람을 만들어주시옵소서, 진정 성직자다운 성직자가 되게 하여 주옵소서. 그리고 나의 가족부터 구원시켜 주옵소서! 나의 가족도 제대로 구원을 못시키면서 누구를 구원을 시킨다고 하겠나이까."

나는 너무나 올바르지 못한 목회자들을 가장 가까운 곁에서 많이 보아왔다. 또 훌륭한 목회자도 만났다. 하지만 참 목자는 극소수였다. 미국에서 보이는 나의 조건과 환경은 참으로 여러 곳에서 후원해 주는 화려한 장식이었다. 그러나 나는 바보 같은 길을 택하였다. 일이 중요한 것이 아니라 내가 하나님 앞에 온전한 사람이 되는 것이 더 중요했다. 왜냐하면 참으로 모든 사람들에게 훌륭한 지도자 목회자로 존경을 받으며 대형교회에 수천 명 담임 목회를 하면서도 죄가 죄인지도 모르고 죄를 짓고 살아가는 것을 볼 때, 만약 내가 저 위치에 있다면, 나는 얼마나 더 많은 죄를 지었을까?

저들은 대대로 이어받은 기독교 가정에서 배경도 좋고 학문과 지식도 풍부한데, 나 같은 것은 우상 숭배 가정에 속에서 배경도 없고, 밀어주는 자도 없이 지식도 부족하여 사탄의 먹 걸이가 되기에 딱 알맞다고 생각했기 때문이었다. 그래서 나는 미국의 황금마차를 과감하게 버리고 나왔다. 나오자마자 한국에 있을 때 서로 영적인 대화를 나누며 나에게 5년을 상담을 해오던 집사님 한 분이 나를 찾아왔다.

"전도사님! 영성훈련을 받으시겠어요?"

하고 제안을 해왔다. 나는,

"아! 이 집사님을 주님께서 보내셨구나. 기도의 응답이구나."

하고 영성훈련이라는 말에 쾌히 승낙하였다. 영성훈련 교육 3년 과정을 받으면서 합동총회신학 연구원 과정을 거쳐 목사안수를 받았다. 목사안수 받은 즉시 기독교 영성아카데미 목회자과를 연이어 공부하기 시작하였다. 논문도 써야했고 하루 2시간밖에 수면을 하지 못하였다. 한꺼번에 공부하려니 머리에 지진이 날 정도로 공부를 했다. 그래도 지금 생각하면 그때가 가장 행복했던 시절 같다.

미국 유타주에서 사역하고 있을 때였다. 광복절 행사에서 만난 순복음교회 부부 목사님께 신학교 때 쓴 '현시대가 원하는 목회자상'이라는 나의 논문을 보여드렸다. 두 분은 논문을 보시고 이제 은사 쪽으로 공부를 해보라고 하시었다. 작은 곳으로 가지 말고 여의도 순복음교회 조용기 목사님을 찾아가서 그 재단에서 공부하라고 하셨다. 조용기 목사님께서 나의 논문을 보시면 목사안수를 빨리해 주실 것이라고 하셨다. 그리고 다시 미국으로 돌아와 우리와 함께 일하자고 하셨다. 부부 목사님들도 내가 한국으로 나가는 것을 반대하고 함께 팀목을 하자고 간곡히 원했지만 나는 목회학 공부를 더 하기 위하여 한국에 나오게 되었다.

3. 사명영성사역자

그러나 나는 합동 측으로 공부를 하고 목사안수를 받게 되었다. 또한 영성훈련 3년 과정과 함께 아카데미 목회자 영성신학 2년 과정을 마치게 되었다. 처음에 영성과정 오리엔테이션을 받는데 원장님께서 나에게 하시는 말씀이, 사명이 영성사역자라라고 하시었다.

"영성사역자로 나오네요."

영성사역자는 극히 보기가 힘든 사명자라고 말씀하셨다. 대체로 목사, 전도사, 사모, 장로, 선교사, 평신도선교사 그렇게 사명이 나온다고 하셨다. 원장님은 나에게 말씀하시기를 이제 들었고 보았고 신을 보았다는 그 모든 은사를 내려놓으라고 하셨다. 이제는 새롭게 처음부터 다시 시작해야 한다고 하셨다. 은사를 버리라는 것이 아니라 영혼이 좀 더 성장한 다음에 다시 모든 은사를 사용하라고 하시었다. 영이 성장하지 못하면 모든 은사가 영혼을 살리는 것이 아니라 영혼을 죽이는 도구가 될 수가 있다는 것이다.

예를 들면 칼이 사람을 위하여 훌륭한 요리를 하게 되면 사람들에게 영양을 주어 유익을 주지만 그 칼로 사람을 찌르게 되면 사람을 죽이는 도구가 된다는 말씀이셨다. 마지막 때는 보이는 성전은 다 무너지고, 보이지 않는 몸 된 심령 성전을 이루어나가야 한다고 말씀하셨다. 그렇다 유럽 그 아름다운 대형 교회들이 다 무너져 술집으로 바뀌고 이슬람교로 바뀌어져 가고 있다. 미국도 무너져 가고 있다. 이제 한국으로도 서서히 다가오고 있다. 마지막 때는 휴거와 순교다. 그러기에는 말씀의 투구와 말씀의 전신갑주를 두르고 기도로 무장을 해야만 한다. 또한 말씀에 대한 철저한 순종이다. 그리스도의 실천적 삶이다.

순교란 꼭 오지에 나가 순교하는 것만이 아니라 현재 위치의 삶 속에서 철저한 말씀순종이 순교인 것이다. 그만큼 순종이 힘들다는 것이다.

나의 의지를 가지고 노력하면 힘들고 불가능하지만 성령님께서 나와 함께하시면 쉽다. 하지만 노력하는 의지가 있어야 성령님께서 내 심령 안에 오신다. 하나님께서 보내주신 영성훈련은 그리스도의 장성한 분량까지 성장하여 하나님의 형상을 회복해 나가는 영성훈련이었다. 내가 꼭 원하는 과정이었다. 하나님은 또 나의 기도를 들어주셨다. 하나님께서 기뻐하시는 기도는 100% 들어주시는 하나님이시다. 기도해도 응답이 없고 안 들어 주실 때는 안 들어 주시는 것도 응답이다. 하나님께서 원치 않으신 것이다. 때론 하나님이 원치 않아도 때를 써서 구하기도 한다. 그것도 도저히 불가능한 일 100% 들어주시기도 하신다. 그리고 100% 다시 깨부순다. 아주 완벽하게 부셔버리신다. 그 다음은 하나님께서 원하시는 데로 이끌어 가신다. 하나님께서 하시는 일을 보면 기가 막힐 정도로 완벽하시었다. 하나님이 하시는 일은 사람이 감히 생각할 수가 없다.

4. 지속적인 말씀 연구와 영성 회복

나는 목회자가 되면서 계속 치유와 저주 가계흐름을 영성계통으로 공부하였다. 영성세미나라면 여기저기 미친 듯이 찾아다니며 강의를 들었다. 그러면서 나는 새롭게 눈이 떠져갔다. 영의 지경이 점점 넓어지면서 말씀연구 과정 속에서 끊임없이 따라오는 사탄의 정체를 알 수가 있었다.

"아, 내가 얼마나 영적으로 무지했던가!"

자신을 들여다 볼 수 있었다. 나는 천국과 지옥을 다녀왔음에도 불구하고 사탄의 종이 되어 24년 이라는 세월을 고통 속에서 살다가 마지막 큰 환란이 닥쳐온 것이었다. 그것은 하나님의 부르심이라는 것을 늦게 서야 깨달았다. 남편은 회사에 32억 5천만 원이라는 연대보증을 서서 부도를 맞았다. 엄청난 많은 빚을 통하여 재산 압류가 되어 집안이 완전히 파산 되었다. 그러나 주님은 나의 통곡의 회개기도를 통하여 불가능한 엄청난 빚을 탕감해 주시고 다시 하나님에 대한 첫사랑을 회복시켜 주시었다.

"주여! 주시는 이도 하나님이시오, 걷어 가시는 이도 하나님이시나이다. 자식도 하나님의 것이요, 남편도 하나님의 것이요, 모든 물질도 하나님의 것이니이다. 그러나 모든 것이 내 것 인양 내가 열심히 노력해서 이루어진 것으로 알고 살았나이다. 주님은 세상에서 취할 수 없는 엄청난 보화를 나에게 주셨는데도 불구하고 허락하신 보화는 간 곳 없고 세상 것을 위하여 몸 던지며 살아왔음을 고백하나이다. 주여, 회개하오니 이제 모든 것 주께 드리고 맡깁니다. 오직 십자가를 향하여 주님 한 분만 바라보며 나에게 주신 사명 감당하겠사오니 이제 신학문 열어 주옵소서!"

피를 토할 듯 울부짖으며 통회의 회개 기도를 올려드렸다. 하나님께서 듣고 합당한 기도는 닫힌 하늘 문을 열게 하신다.

나는 누구인가

빚을 다 탕감해 주시고 32년 만에 중학교 교감선생님이시며 목사
님이 되신 스승을 만나게 해 주신 것이었다. 참으로 기적 같은 일이었
다. 성령으로 거듭나고 지옥과 천국 다녀오면서 그렇게 울고 찾아다
니며 헤맸던 존경하는 스승이셨다. 그러나 그때는 만나지를 못했다.
그동안 교감선생님은 교감 직을 그만두시고 신학교 교수로 활동하시
다가 첫아들을 잃은 뒤 사모님의 간절한 권유로 결국 목회의 길을 가
시게 되었다. 그리고 교회를 개척하셨다. 나는 교감선생님을 만나 경
희대학교 캠퍼스 산책하며 간증을 장시간 동안 하였다. 목사님이 되
신 교감선생님은,

"네가 하나님을 만나 나를 찾아다녔을 때는 중학교 교감 직을 내려
놓고 신학교 교수로 활동했었지, 그때 만났더라면 또 나의 제자가 될
뻔하였구나!"

너무나 아쉬운 듯한 표정을 지었다. 나도 마음이 아프고 안타까웠다.
그 어린 시절 24살 때 만났더라면 얼마나 좋았을까? 그러면 그렇게 많은
세월들을 허비하지 않았고 또한 결혼도 실패하지 않았을 텐데…….
한쪽 마음이 슬프고 너무 아팠다. 교감선생님은 나를 향해 바라보
시면서,

"그럼 어느 신학교를 보내줄까? 내가 나온 신학교를 추천해 줄까?"

라고 물으셨다. 그동안 빨리 만나지 못한 것이 아쉽고, 제자가 고통스럽게 많은 세월동안 고생한 것이 안타까운 양 교감선생님께선 나에게 친절하게 말씀해 주셨다.

"네, 교감선생님께서 추천해 주세요."

그래서 나는 교감선생님이 나오신 역사가 깊은 평양에서부터 시작한 군소신학 합동 측 총신대를 추천하여 주셔서 방배동에 있는 총회신학을 공부하게 되었다. 지난 학창시절에 교감선생님의 모습 중에 잊을 수 없었던 일은, 중학교 1학년 때였다. 매주 월요일이면 첫 시간에 예배를 드린다. 예배드릴 때면 두 손을 높이 들고 찬양을 부르시며 두 눈에서는 언제나 눈물이 주르르 흘리셨다. 그 모습이 어린 나의 가슴 속에 언제나 남아 있었다.

교감선생님은 고등학교 학창시절에 주님을 만나 우상 숭배 하는 부모님 곁을 몰래 집을 나와 가출하였다. 돈도 없이 고향 제주도를 떠나 서울로 도착하여 새문안교회를 다니시면서 신학을 들어가 목회자가 되면서 평생 청빈하게 하나님께 바쳐온 인생이셨다. 이제는 은퇴를 하시려하나 마땅한 목회자가 없어 인수를 못하고 계신다고 하셨다.

(지금은 은퇴를 하시여 사모님은 소천하시고 자녀들과 함께 쉬고 계신다.)

❖

나는 철저하게 회개를 하고 신학문을 열어달라고 간절히 기도를 드리니 이렇게 하나님은 존경하는 스승을 32년 만에 만나게 하여 주시어서 신학을 하여 목회자의 길을 가게 되었다. 일반 신학을 바치고 찬양 사역을 통하여 미국의 여러 주를 순회하면서 미국교회와 한국 목회자들의 부조리한 것을 보고 또 의문이 생겼다.

"거듭났는데 왜 저럴까? 병원에서도 고칠 수 없는 말기 암도 하나님께서 치료해주셨는데도 왜? 목사나 성도나 변화가 안 될까?"

나는 또한 끊임없이 영성에 대한 말씀만 찾아다니며 연구하게 되었다. 일반 신학과는 너무나 차이가 있었다. 일반 신학이 역사적 신학이라면 영성신학은 실천적 신학이었다. 영성신학은 마지막 단계였다. 역사에 대한 신학만 공부하게 되면 모든 성경 지식을 아는 착각에 빠진다. 바리세인과 같이 교만해져 정죄와 판단만하고 실천적 참 그리스도의 신부로는 살아가기 힘들다.

영성신학은 다양하게 공부과정이 깊었다. 가계의 저주의 흐름과 내적 치유, 삶에 끊임 없이 따라오는 사탄의 전략과 계략, 영적 전쟁에 대한 연구를 지속적으로 하였다. 그것은 전쟁터를 나가려면 적을 알아야 적과 싸워 이길 수가 있기 때문이었다. 끊임없이 공격해 다가오는 어둠의 삶 소용돌이 속에서 나는 필수적으로 영적 작전이 필요했다. 이번만큼은 사탄에게 속아 넘어가서는 안 되겠기에 일이 중요한 것이 아니라, 내가 죽느냐 사느냐의 하는 마지막 영적 전쟁인 것이었다.

영이 죽은 자가 어떻게 영의 생명을 살릴 수가 있겠는가. 때문에 나는 목회자로서 일보다는 영 분별력과 내가 온전한 하나님의 사람이 되는 것이 중요하였고, 진정 목회자다운 목회자 참 성직자다운 성직자가 더욱 절실하였다. 그것은 너무나 어처구니없는 목회자들의 잘못된 모습을 한국이나 미국에서나 많이 보아 왔기 때문이었다.

"주님, 저를 올바른 성직자가 되게 하여 주옵소서! 아무리 힘들어도 돈도, 명예도, 사람도 쫓아가지 말고, 오직 주님만 쫓아가 주님 닮기를 원합니다. 주여, 제발 나를 성령으로 붙잡아 주옵시고, 영원한 빛과 참 진리의 길로 나를 이끌어 주옵소서!"

그리고 나는 영적 분별력을 갖기를 간절히 기도했다. 하나님 영의 음성과, 나의 속에 있는 혼의 음성과, 사탄의 음성, 이 세 단계로 들려오는 음성을 구별할 줄 알아야만 했다. 기도의 응답은 이루어져 영적 분별력이 활짝 열려지기 시작했다. 하나님께서는 나의 기도를 들어주셨다. 자신의 유익을 떠나 하나님이 기뻐하시는 기도는 100% 응답해 주시는 분이셨다. 그러나 이론과 실제는 너무 힘들었다. 정말 뼈를 깎는 아픔의 영적 싸움이었다. 사도바울의 말씀이 뼛속같이 실감이 났다.

"나는 괴수 중에 괴수요."

라는 말씀. 사도바울이 괴수라면 나는 괴물 중에 괴물이다. 또한 사도바울의 말씀이,

"나는 날마다 죽노라."

사도바울이 그렇다면 나는 분초마다 죽어야 한다.

그러나 전갈과 뱀이 가득한 광야와 같은 이 세상의 삶 속에서 아무리 힘들고 고통스러워도 오직 예수님만 생각하면 한없이 눈물이 저절로 양 볼 위에 주르르 흐른다. 얼마나 아프셨을까? 얼마나 고통스러우셨을까? 얼마나 외롭고 고독하셨을까? 십자가만 바라보면 자신이 큰 위로가 되고 힘이 된다.

어떤 종교의 영성이던 영성의 극치는 예수님의 십자가뿐이다. 예수님의 십자가를 바라보면 어떤 고난도 참고 견디어 나갈 수 있는 능력과 세상을 이길 수 있는 힘을 갖게 된다.

자신이 죽지 않으면 부활의 승리는 없는 것이다. 때문에 완전히 자아가 죽어야 새 생명이 탄생한다. 이것은 천국 가는 날까지의 치러야 할 과제이며, 우리 삶 속에서 매일 일어나는 영적 전쟁인 것이다. 이

전쟁이 끝나는 날 우리는 육체를 벗어나 영체로 아름다운 천사와 같은 모습으로 변하여 영원한 천국 하나님 품으로 돌아가는 날이다.

'아, 그날이⋯⋯'

그렇다. 죄를 짓는다는 것은 무지해서 죄를 짓는 것이다. 모르기 때문에 죄를 짓는 것이다. 성경 말씀에도 지식이 없으면 망한다고 했다. 그러므로 지식을 무시하면 절대로 안 된다. 또한 은사도 무시해서도 안 된다. 말씀은 생명의 근원이며 은사는 전쟁터에 무기이기 때문이다. 아무리 지혜롭게 전쟁 작전을 준비하였다 해도 무기가 없으면 아무 소용이 없는 것이다. 은사는 성령의 역사이기 때문이다. 신학교에 들어가 공부하는 도중에 나는 참 많은 시험이 들었었다. 영적 체험이 없는 학구파 교수님들이 오고갈 수 없는 성벽으로 가로막아 너무 답답했다. 나는 교수님들을 향하여 '도대체 신학을 무엇 때문에 배우는 거지?' 했다.

'영의 세계가 지식으로 배워서 알 수 있는 것인가? 성령님께서 영의 세계를 열어주셔서 깨닫고 알게 해주셔야 성경을 포괄적으로 이해 할 수 있는 것이지.'라고만 생각했었다.

성령의 역사가 없으면 자기가 좋아하는 구절만 가지고 주장하기 때문이다. 성경은 전체적인 맥락이 흘러가야 한다. 아담과 하와가 타락하기 전 하늘에 영의 천상의 세계에서 타락의 기원으로 시작해야 한다.

왜 인간이 타락할 수밖에 없었는지 하나님은 이미 아담과 하와가 타락할 줄도 미리 아시고 준비 하셨다는 것을 깨달아야 한다.

그러나 나는 스스로 깨달았다 하여도 신학을 공부하면서 올바른 기독교 개념의 질서가 잡히기 시작했다. 하나님의 말씀은 너무 깊고 오묘하다. 칼빈 신학대학교 박영관 교수님께서 비교 종교학을 가르치실 때 나의 기독교 신앙은 반듯하게 세워져 나갔다. 교수님은 시험문제를 내주시면서 이렇게 말씀하셨다.

"나이들이 많아 외울 수가 없어요. 외워도 금방 잊어버려요. 외우려고 애쓰지 말고 강의를 잘 듣고 이해를 하세요. 이해가 되는 것은 잊어버리지를 않습니다."

나는 즉시 하나님께서 나에게 주시는 말씀으로 받아들였다. 영이 열려있는 상태라 나는 교수님의 강의가 빨리 이해가 되었다.

(신학교 들어오기 전에는 신경성과 우울증으로 약을 많이 먹어 기억력이 부족하다. 다섯줄만 읽으면 글씨가 안 보였다. 안과 신경과 내과 여러 가지 병들로 약이 머리위에는 가득히 쌓여있었다. 성령의 불을 받아 철저히 회개하고 회복하여 신학을 공부하면서 죽으면 죽으리라 각오하고 그 많은 약들을 모두 쓰레기 통속에 버렸다. 신학을 공부하는 과정에 모든 병은 완전히 회복해 주셨다. 하나님은 너무도 아름답고 참으로 멋진 분이시다.)

❖

교수님의 말씀은 하나님의 말씀으로 크게 들려왔다. 시험문제에 기독교와 타 종교의 차이점을 쓰라고 논설 문제가 나올 때 강의 들은 것을 앞뒤로 꽉 채우다시피 답을 썼다. 그리고 시험지 끝으로 짧게 감사의 글을 썼다. 교수님은 수많은 학생들 강의를 하면서 가장 보람된 강의였다고 너무 흡족해 하시었다. 시험이 끝나고 함께 식사를 나누며 교수님은 연구실까지 데려가셔서 5권의 비교종교학에 관한 중요하고 귀중한 자필 서적을 선물로 주었다.

그 책만 있으면 이제 타 종교에 일일이 들어가서 관찰하고 공부하지 않아도 된다. 나는 이단에서 배운 중요한 자료들을 교수님께 드렸다. 안타깝게도 교수님께서 주신 귀중한 그 책들을 호주에 두고 왔다. 거듭나지 못한 사위는 보내주지를 않고 있다. 그리고 호주에서 살다가 한국에 나와 그 교수님을 찾았으나, 신학을 보내주신 교감선생님 말씀을 통해서 소식을 알게 되었다. 비교종교학을 가르치시던 박영관 교수님이 돌아가셨다는 청천벽력 같은 소식을 듣게 되었다. 그 교수님과 함께 식사를 나누며 이야기를 나눌 때 이런 말씀을 하셨다.

"40년을 목회를 하고 학생들을 가르치고 여러 학문의 박사학위를 받으며 그 많은 책들을 썼어도 내가 영적으로 눈이 떠진 것은 50대가 돼서야 눈이 떠졌어요. 이제는 모든 것을 내려놓고 선교를 떠나고 싶습니다. 함께 일하고 싶네요."

그리고 수많은 학생들을 가르쳤지만 나를 제자로 두신 것이 참으로 가르친 보람이 있다고 하셨다. 생전에 마지막 나에게 주신 말씀이셨다.

정말 선교지에서 돌아가셨을까? 한쪽 가슴에 슬픈 마음으로 남게 한다. 비교종교학을 교수님께 배우면서 느낀 점은 신학을 공부하지 않았다면 정말 큰 위험에 빠질 수도 있었다는 것을 깨달았다. 어둠의 영은 사람들에 약점을 타고 들어와 교묘하게 넘어트린다. 미국에서의 일들을 중단하고 한국에 나와서 계속 신학을 공부를 하게 된 것이 얼마나 감사한지 모른다.

그리고 다시 영성신학을 공부함으로써 신구약 총체적 체계적이고 질서 있는 올바른 하나님의 창조 질서와 예수님 십자가 사랑의 영성이 덧입혀져야만 했다. 이론적으로는 누구나 쉽게 알 수 있어도 이것이 실제로 영으로 깨달아져 실천되기까지는 참 오랜 시간이 흘렀다. 예수님의 십자가 사건도 교과서 이론이 아니라 영적으로 깨달아져야 했다. 성부, 성자, 성령, 삼위일체 하나님을 다 인격적으로 체험해야만 했다.

나는 약간에 다원적인 사상이 있었다. 타 종교도 철학이 깊은 것 같으나 창조주가 없고, 깨달은 것 같으나 예수님을 인성으로 여긴다. 내가 아는 진리는 종교도 철학도 아니었다. 진주 하나는 발견했는데 무엇인가 둘의 진주가 있는 것만 같았다. 그 진주 둘은 발견하려 또 헤매고 다녔다. 그 둘의 진주를 신학을 공부하면서 찾은 것이다. 그것이 성자 성령이었다. 성부와 성자와 성령 삼위일체 하나님인 것을 각각 인격체로 체험하게 되었다. 1분설 2분설 3분설 신학들을 모두 포괄적으로 이해할 수 있었다. 3분설이 정확했다. 이것이 정통 예수그리스도 기독교 신앙이었다. 진리에 대해서 깨닫고 영혼이 깊어지면 깊어질수록에 진리에 대한 논쟁과 점점 말수가 적어지기 시작했다.

일반신학으로만 마쳤다면 어둠의 정체를 쉽게 알 수가 없었을 것이다. 영이 실제로 깨어나 성장하게된 것은 영성신학 삼 분설 영, 혼, 육을 통해서였다. 마치 양파가 껍질을 벗기듯이 벗기고 또 벗겨서 새순이 나올 때까지 벗겨져야만 했다. 영이 성장하려면 무수한 노력이 필요한 것이었다. 끊임없는 연구와 학문과 지식. 영적 실제의 그리스도의 실천적 삶을 동반해야만 했다. 능력이 없이 어찌 지능적으로 첨단학으로 발달된 어둠의 영들의 세력들과 싸워 이길 수가 있겠는가!

말씀과 은사는 함께 가야만 한다. 말씀이 몸이라면 은사는 몸에 옷을 입히는 역할과 같다. 하지만 은사는 생명 자체가 아니며 도구일 뿐이다. 모세가 아론의 지팡이를 통해 열 가지 재앙을 내려 이스라엘 백성을 노예에서 해방시키고 홍해바다를 가르고 이스라엘 백성들을 구원시키는 역할을 한다. 하나님은 이렇게 막대기도 들어 하나님의 목적을 위해 도구로 사용하신다. 그러나 그 나무 지팡이가 천국 가는 것은 아니다. 지팡이는 하나님의 목적을 위하여 다 쓰고 나면 불 아궁이로 버려지는 생명 없는 도구일 뿐인 것이다. 도구란 필요에 따라 쓰였다가 버려지고 마는 것이지, 그 도구가 생명 차제가 되지는 못한다는 것이다. 그렇다면 우리 하나님의 자녀들과 목회자들은 하나님의 목적을 위한 도구로 쓰임 받다가 불 아궁이로 던져버려질 생명 없는 도구가 될 것인가? 아니면 끝까지 생명의 도구로 쓰임 받다가 천국에 들어갈 것인가? 참으로 중요한 말이다. 이것이 왜 중요한가?

사후세계 천국에 가서 이 세상을 바라보니 하나님과 전혀 관계없이 열심히 일을 하는 사람들이 많이 있었다. 하나님의 생각과 사람의 생각은 정 반대편에서 있었다. 기가 막힐 노릇이었다. 우린 날마다 자신을 성찰해야 한다. 사탄은 하나님과 똑같은 말씀으로 들어와 말씀을 혼돈시키며, 색깔도 같고 맛도 같다. 성령의 역사도 너무 똑 같아서 영적 분별력이 없으면 사탄에게 속아 넘어가기가 쉽다. 우리는 타인에게 속는 것이 아니고 내 자신에게 속는 것이다. 우리는 첫째 아담 죄 속에서 태어났기 때문이다.

사람에게는 아담으로 타락한 영과 하나님의 형상으로 지음 받은 선천적인 선한 영이 있다. 선천적인 선한 영이 거듭나므로 영이 회복되는 것이었다. 어둠과 빛, 선과 악이 우리들의 내면에서 싸우는 것이다. 때문에 죄는 미워해도 사람은 미워하지 말라는 하나님의 말씀이다. 우리의 싸움은 보이는 혈과 육이 아니요, 사람 속에 들어가 사람을 움직이고 있는 어둠의 영과 싸우는 것이다.

자신의 내면에 내 자랑과 내 의는 없는가? 또한 하나님의 일을 한다고 하나 자신의 깊은 마음속에 자신에 대한 욕망으로 인한 욕심은 전혀 없는가? 말씀이 부족함이 없는가? 어떠한 일을 계획할 때마다 자신을 성찰해 보아야 한다. 또한 성령님의 도움을 청해야 한다. 사탄은 우리의 삶 속에서 사람의 가장 연약한 부분들을 타고 들어와 각각 인격과 성향에 따라 교만과 명예와 물질, 음란으로 찾아온다. 하나님이신 예수님도 이러한 시험을 통과하셨다. 그것은 우리들의 길잡이가 되어 주시려고 표본이 되어 주신 것이었다. 얼마나 많은 성도들과 목회자들이 물질과 명예와 음란으로 빠져 사탄에게 종이 되어 사탄의 밥이 되고 있는가!

말씀이 부족한 목회자나 평신도는 더욱 심하다. 엄연히 가정을 가지고 있으면서도 교회가 연예장소로 착각하는 사람도 있다. 그것도 하나님께서 맺어주신 은혜란다. 이 말은 어느 목회자의 사모님이 내게 고백한 말이었다. 부분적으로 목회자까지도 철저한 기복적 신앙이었다. 평신도였을 때는 전혀 몰랐던 세계가 신학을 들어가 주의 종이 되면서야 나는 잘못된 목회자들의 삶이 주변에 너무도 많이 보였다. 이것은 한국뿐만 아니라 외국에 나가도 인종 차별 없이 사람 사는 곳은 어디나 다 마찬가지였다. 나는 천국과 지옥을 다녀와서도 잘 이해가 되지 않았었다.

목회자가 되어 수많은 목회자들을 만나면서 주님께서 천국과 지옥을 보여 준 것이 정말 실감났다. 충분히 이해가 가도록 실제 현실 속에서 보여 주셨다. 24살 때 다녀온 천국과 지옥의 체험을 했어도 간증을 못했다. 두려웠다. 사탄이 목회자들의 지옥을 악용하면 어떡하나? 사탄은 또한 나의 그런 성품을 꿰뚫고 있었다. 하지만 하나님은 원하지 않은 목회자를 끝까지 나를 세우셨다. 목회자가 되면서 처음으로 신학교와 영성목회자 세미나에서 간증을 하게 되었다. 간증 도중에 통곡하며 회개 하는 목회자도 있었다. 또 작은 집회에 가면 어느 목회자는,

"흥! 저 목사, 큰일 날 소리 하네."

하며 중간에 문이 부서져라 쾅! 닫고 나가는 목사도 있었다. 양심에 찔림을 받은 것이다. 그러나 그 목회자의 사모는 집회가 끝나고 나에게 찾아와 회개하면서 상담을 요청하여 상담을 받고 울면서 가는 일도 있었다. 집회를 하다보면 양심에 걸려 화를 내는 목사가 있는가 하면 비아냥거리는 목사도 있었다. 일반 교회 강단에서 말씀을 전하는 것을 보면 대체적으로 천국과 지옥에 관한 말씀이 거의 없다.

그러니 성찰하지 않아 성도들이 성장할 수가 있겠는가! 많은 교회와 성도들이 하나님에 대한 두려움이 없다. 그저 자신들의 종교생활과 바벨탑 속에 살아갈 뿐이다. 교회를 다니는 것을 하나의 자신들의 삶의 도구로 사용하는 신앙생활들이 많다. 거듭나지 못한 성도들은 마치 교회가 스트레스 푸는 오락실이요, 백화점에 쇼핑 나와 즐기는 신앙생활들과 같이 보이기만 했다. 그래도 교회를 나오지 않는 사람보다는 희망이 크다. 하나님께서 택하신 자는 언젠간 말씀이 깨달아져 거듭나기 때문에 말씀을 들어야 한다. 영혼이 살 수 있는 길은 오직 성령이 함께 하시는 교회뿐이기 때문이다.

또한 어느 강단에서는 천국과 지옥 간증 도중에 처절하게 통회하며 절실히 회개하는 목회자도 있었다. 천국과 지옥은 정말로 있다. 지옥을 무서워하지 말고 지옥을 만든 마지막 때 심판의 하나님을 무서워해야 한다. 많은 목회자들이나 성도들이 도대체가 하나님을 경외하고 두려워하지를 않는다.

천국과 지옥도 믿으려 하지를 않는다.

이것은 교회가 가장 심각한 일이 아닐 수 없다. 지옥과 천국을 믿는다 할지라도 백지에 문자적으로 믿거나 이성적으로 믿는 사람들이 많다. 때문에 하나님을 대할 때 두려워 떨지 않으며 경외하는 마음이 없는 것이다. 믿음생활이 대체로 자신의 욕망을 채우기 위한 신앙생활인 경우가 실로 많다. 그러나 신앙이 더욱 성숙해 질수록 자신의 욕망이 적어지며 주님의 뜻을 이루고자 최선을 다하며 살아가게 된다.

천국과 지옥의 간증 중에 가장 인상적으로 남는 분이 있었다면 인천 산성교회 영성목회하시는 이천수 목사님이셨다. 간증이 끝나고 목사님 사택을 방문했을 때였다. 목사님은 나의 간증을 들으시고 많이 회개하셨다고 말씀하셨다. 그 말씀을 듣는 순간 나는 부끄러워 쥐구멍이라도 들어가고 싶은 심정이었다. 나는 그분의 발뒤꿈치 때만도 못한 인생이었기 때문이다. 진정 예수님의 삶을 실천하며 검소하게 살아가시는 영성이 아주 깊은 분이셨다.

그분은 많은 목회자들을 바로 세우셨으며 많은 사역자들을 회개시키신 분이셨다. 정말 존경하는 스승이며 목회자들의 훌륭한 멘토인 목사님이셨다. 때론 과격한 말씀을 하시지만 그것은 삯꾼의 목회자들을 향하여 너무도 답답하시기 때문이었다. 그래서 다소 말씀이 거슬려 목사님의 강의를 원치 않는 목사님들도 있다. 하지만 나는 그분의 말씀을 들으면 통쾌하고 속이 아주 후련해진다. 그리고 과격한 말씀을 하실 때마다 그분을 위해 중보회개기도를 올린다.

"아버지, 영혼을 너무 사랑하시니까 그러시는 것 아시죠? 주의 종들을 향하여 안타깝게 호소하시는 말씀이시니 책망치 마시옵고 다소 과격한 말씀을 하시는 이천수 목사님을 용서하여 주옵소서."

대신 회개중보기도를 올린다. 지금은 은퇴하시고 미국에서 사역하신다.

목회자는 은퇴가 없다. 목회자는 어느 처소에 있든지 말씀을 전해야 하며 움직이지 못하면 글로 써서라도 천국 가는 그날까지 영혼 살리는 사명을 감당해야 한다. 천국과 지옥은 정말로 있다. 믿기 싫어도 믿어야 한다. 사람은 이성을 잃은 짐승과 같이 살아서는 절대로 안 된다. 천국에는 모두가 우리들의 생활이 하나도 빠짐없이 다 기록이 되어있기 때문이다.

나는 1980년도에 15분 만에 깨어날 복강경 수술이 7시간 동안 깨어나지 않았는데, 그 시간 동안 사후세계 생명 기록 책이 있는 곳도 다녀온 체험이 있다. 천상에서 본 그 책에는 이 땅에서 살아온 우리들의 모든 생활들이 상세하게 기록되어 있었다. 성경 말씀은 일점일획도 틀린 것이 없다. 말씀을 믿어야 한다. 불꽃같은 성령이 임하여 깨어나자 그래서 각자에게 주신 사명을 받들어 하나님께서 원하시는 그 뜻을 이루어 드리자! 나의 원하는 뜻이 아니라 하나님의 뜻을……

또 내가 보니 죽은 자들과 큰 자나 작은 자나 그 보좌 앞에서 있는데 책들이 펴 있고 다른 책이 펴졌으니 곧 생명책이라 죽은 자들이 자기 행위를 따라 책들에 기록된 대로 심판을 받으니.(계 20:12)

나는 누구인가

내 형질이 이루어지기 전에 주의 눈이 보이셨으며 나를 위하여 정한 날이 하루도 되기 전에 주의 책에 다 기록이 되었나이다.(시 139:16)

좁은 문으로 들어가라. 멸망으로 인도 하는 문은 크고 그 길이 넓어 그리로 들어가는 자가 많고.(마 7:13)

생명으로 인도하는 문은 좁고 길이 협착하여 찾는 자가 적음이라.(마 7:14)

거짓 선지자들을 삼가라. 양의 옷을 입고 너희는 나아오나 속에는 노략질하는 이리라.(마 7:15)

나더러 주여 주여 하는 자마다 다 천국에 들어갈 것이 아니요, 하늘에 계신 아버지의 뜻대로 행하는 자라야 들어가리라.(마 7:21)

그날에 많은 사람이 나더러 이르되 주여 주여 우리가 주의 이름으로 선지자 노릇하며 주의 이름으로 귀신을 쫓아내며 주의 이름으로 많은 권능을 행하지 아니하였나이까.(마 7:22)

그때에 내가 그들에게 밝히 말하되 내가 너희를 도무지 알지 못 하니 불법을 행하는 자들아 내게서 떠나가라 하리라.(마 7:23)

그러므로 누구든지 나의 이 말을 듣고 행하는 자들아 그 집을 반석 위에 지은 지혜로운 사람 같으리니. (마 7:24)

비가 내리고 창수가 나고 바람이 불어 그 집에 부딪치되 무너지지 아니하니 이는 주추를 반석 위에 놓은 까닭이요. (마 7:25)

나의 이 말을 듣고 행하지 아니하는 자는 그 집을 모래위에 지은 어리석은 사람 같으리니. (마 7:26)

비가 내리고 창수가 나고 바람이 불어 그 집에 부딪치매 무너져 그 무너짐이 심하니라. (마 7:27)

너희는 나를 불러 주여 주여 하면서도 어찌하여 내가 말하는 것을 행하지 아니하느냐. (눅 6:46)

내게 나아와 내 말을 듣고 행하는 자마다 누구와 같은 것을 너희에게 보이리니. (눅 6:47)

집을 짓되 깊이 파고 주추를 반석 위에 놓은 사람과 같으니 큰물이 나서 탁류가 그 집에 부딪치되 잘 지었기에 때문에 능히 요동하지 못하게 하였거니와. (눅 6:48)

듣고 행하지 아니하는 자는 주추 없이 흙 위에 집 지은 사람과 같으니 탁류가 부딪치매 집이 곧 무너져 파괴됨이 심하니라 하시니라.(눅 6:49)

화있을 진저 외식하는 서기관들과 바리새인들이여 잔과 대접의 겉은 깨끗하되 그 안에는 탐욕과 방탕으로 가득하게 하는 도다.(마 23:25)

눈 먼 바리새인이여 너는 먼저 안을 깨끗이 하라. 그리하면 겉도 깨끗하리라.(마 23:26)

화있을 진저 외식하는 서기관들과 바리새인들이여. 회칠한 무덤 같으니 겉으로는 아름답게 보이나 그 안에는 죽은 사람의 뼈와 모든 더러운 것이 가득하도다.(마 23:27)

이와 같이 너희도 겉으로는 사람에게 옳게 보이되 안으로는 외식과 불법이 가득하도다.(마 23:28)

이 무익한 종을 바깥 어두운 데로 내 쫓으라. 거기서 슬피 울며 이를 갈리라하니라.(마 25:30)

만일 네 손이 너를 범죄하게 하거든 찍어버리라. 장애인으로 영생에 들어가는 것이 두 손으로 가지고 곧 꺼지지 않는 불에 들어가는 것보다 나으니라.(막 9:43)

만인 네 발이 너를 범죄하게 하거든 찍어버리라. 다리 저는 자로 영생에 들어가는 것이 두 발을 가지고 지옥에 던져지는 것보다 나으니라.(막 9:45)

만일 네 눈이 너를 범죄하게 하거든 빼어버리라. 한눈으로 하나님의 나라에 들어가는 것이 두 눈을 가지고 지옥에 던져지는 것보다 나으니라.(막 9:47)

거기서는 구더기도 죽지 않고 불도 꺼지지 아니하느니라.(막 9:48)

사람마다 불로써 소금 치듯 함을 받으리라.(막 9:49)

그들이 나가서 패역한 자들의 시체를 볼 것이라. 그 벌레가 죽지 아니하며 그 불이 꺼지지 아니하여 모든 혈육에게 가증함이 되리라.(사 66:44)

제19장

영혼의 성장 과정

---

1. 태아기

천국은 물과 성령으로 거듭나야 갈수 있다. 거듭나야 성장 할 수 가 있기 때문이다. 살아있는 생명의 씨에게는 좋은 비료와 물을 주면 훌륭하게 자라 좋은 열매를 맺지만은 죽은 씨에게는 아무리 좋은 비료를 주고 물을 주어도 자라지 않는다. 그 씨는 죽은 씨이기 때문이다.

자! 나는 영의 성장과정을 초등학생도 누구나 쉽게 알아들을 수 있도록 이렇게 비유해서 설명해 본다. 계속 반복되는 말이지만 영혼의 생명은 물과 성령으로 거듭나야만 영이 살아있다고 볼 수 있다. 이제 막 뱃속에 아기가 생겼다. 이 아기가 세상에 태어나려면 10개월까지 엄마 뱃속에 있다가 태어난다. 하지만 1개월부터 10개월까지의 그 안에 태어나지 못하고 뱃속에서 죽어가는 생명들도 많다.

이 기간은 생명은 있으나 생명기록 책에는 올라가지를 못한다는 뜻이다. 뱃속에 임신을 하게 되면 부모들은 몸 밖으로 태어나기 전에 미리 아기의 이름을 짓는다. 하지만 뱃속에 있을 때는 이름을 지어도 호적에는 그 이름이 올라가지는 못한다. 호적에 이름을 올리려면 10달을 채워 세상 밖으로 태어나야지만 그때서야 구청에 가서 호적에 이름을 올릴 수가 있는 것이다. 뱃속에 생명은 있으나 호적에는 이름을 올릴 수 없다는 것이다. 호적에 올리지 못하고 뱃속에서 죽어가는 생명들도 많다. 나는 물세례를 뱃속에 10개월 기간으로 비유해 본다.

2. 유아기

성령으로 거듭나는 그 기간을 이제 세상밖에 막 태어난 1개월로 본다. 이제 태어났으니 생명기록 책에는 기록이 된다. 뱃속에 아기가 10개월 있다가 태어나면 구청 가서 호적에 이름을 올리는 것과 같다. 그런데 성도들은 이제 막 태어난 갓난아기 눈도 안 떨어진 한 살짜리밖에 못되는데 성령으로 거듭나면 자신의 믿음이 엄청 크게 보인다. 그리고 뱃속에 있다가 세상밖에 나오니 세상이 조금은 보이기 시작한

나는 누구인가

다. 그때 정죄와 판단이 심해져서 영적 교만이 들어간다. 아직도 걷지도 못하는 갓난아기와 같은데 말이다.

영적 교만은 미숙아와 같이 아직 영이 성장하지 못하였다는 것이다. 성령으로 거듭나면 반드시 성장 과정이 있는 것이다. 유아기가 있고 초등과정이 있고 중등과정과 고등과정 대학 과정 이렇게 육신의 과정과 같이 영적의 성장과정이 있는 것이다.

내가 평신도였을 때였다. 남편은 현대건설 해외공사부로 중동에 나가 일하고 있을 때였다. 세월이 너무 무료해서 취미생활을 자녀들에게 엄마의 모습이 아름다운 이미지를 보여 주기 위해서였고 또한 홀로 남아 살아가야 할 노후대책의 시간도 준비할 겸 동양화를 집에 와서 가르치는 화가로부터 개인지도 배운 적이 있었다. 개인 지도를 해 주시던 화가의 남편의 말이었다.

"내가 대학교를 나와도 성장이 안 되더니 대학원 과정을 거치니까 그때서야 조금 사람이 된 것 같더라고요" 그는 말하였다.

그렇다. 영적으로도 성장하여야 한다. 수십 년을 교회를 다녀도 성장하지 못한다는 것은 영적 기형아와 같은 것이다. 이것은 먼저 그리스도의 실천적 삶으로 목회자가 성장을 하여야 한다. 목회자가 성장하지 못하면 성도들이 성장할 수가 없기 때문이다. 그 목자에 그 양이요, 그 부모에 그 자녀요, 그 스승에 그 제자인 것이다.

3. 성장을 위한 지도자와 멘토

그렇다면 이 성장기가 혼자서 성장을 할 수가 있는가? 아니다. 혼자서는 절대로 성장할 수가 없는 것이다. 유아기는 젖을 먹고 부모의 보살핌으로 성장해야 하며, 유아기를 벗어나면 훌륭한 스승을 통하여 성장해 나가듯이 영적으로 성장 하려면 훌륭한 목사님의 가르침과 영성이 풍성한 멘토를 만나야 한다. 홀로 도를 닦는 것이 아니라, 많은 공동체 속에서 부딪치며, 자기 내면의 모습을 보아야 한다. 거울이 있어야 내 얼굴을 보듯. 반드시 상대가 있으므로 자기의 모습을 볼 수 있는 것이다. 그러므로 말씀을 통해 얼마나 성장해 나가는 가를 자신을 들여다 볼 수 있는 안목이 있어야 한다.

산속에 혼자 들어가서 도를 닦는다고 성장하는 것은 절대로 아니다. 그러나 영혼은 발견할 수는 있다. 하지만 영이 성장하진 못한다. 도시에 나와 쓰레기통과 먹물 통 속에 빠져서 그 속에서 빛으로 정화시켜서 빠져나와야 한다. 완전한 진리의 길은 십자가로 자아를 죽이는 작업이다. 기독교는 죽어야 사는 부활의 영원성 생명의 종교다. 자아가 살아서는 절대로 세상을 이길 수가 없다.

자기를 죽여야 자기를 다스릴 수 있고, 세상을 이기고 세상을 다스릴 수 있으며, 또한 악을 이기고 악을 다스리며, 죄를 이기고 죄를 다스릴 수 가 있다. 그래야 공중 권세자 악한 마귀들과 싸워 이기고 다스릴 수가 있는 것이다. 그것이 바로 예수님의 십자가의 능력이며 부활의 능력인 것이다. 그 십자가의 사랑을 가지고 세상과 싸워나가는 것이다. 우리를 위한 예수님의 고난을 생각한다면 어떤 고통도 참고 인내할 수 있는 성령의 힘을 주신다. 십자가의 죽음이 세상에서 가장 약해 보이나 예수님의 부활은 지구상에서 가장 강하고 위대한 초월적 힘과 능력이며 완성인 것이다.

영이 사탄에게 속지 않고 깨어있으려면 성경을 끊임없이 읽어야 한다. 말씀과 기도로 항상 무장을 해나가야 어둠의 영들을 물리칠 수가 있는 것이다. 성경 말씀의 깨달음은 영 분별력을 갖게 한다. 깨닫기 위해서 또한 기도가 필요한 것이다. 성령의 역사가 없이는 깨달을 수가 없기 때문이다. 기도를 통해서 성령님은 우리에게 지혜를 주시고 깨닫는 영을 주신다. 하지만 깨닫는 것으로 만족하면 안 된다. 그 깨닫는 말씀을 통하여 삶의 실천이 돼야만 한다. 머리로 알고 삶의 실천이 없다면 남을 판단하고 정죄하는 오류에 빠져 영은 성장하지를 못한다. 수십 년을 성경책을 들고 교회를 다니면서도 변화가 되지를 않고 성장이 안 되는 사람들이 참으로 얼마나 많은가! 이것은 영적 기형아이며 영적 당뇨병에 걸린 사람인 것이다.

왜 이런 현상이 왔는가? 위로의 말, 복 받는 말, 조금도 양심에 거슬리지 않는 말씀과 천국과 지옥의 말씀을 전하지 않았기 때문이다.

입에서 단 것만 자꾸 먹으니 영적 당뇨병에 걸려 몸이 썩어 한쪽팔과 다리가 떨어져 나가는 것을 알 수 가없다. 병중에 가장 무서운 병은 당뇨병이다. 통증과 아픈 것을 전혀 느끼지 못하고 몸이 썩어 들어가 절단해나가야 하는 병이다.

영의 세계도 마찬가지다. 영적 당뇨병에 걸린 환자가 많다. 그것은 영적기형아이다. 죄에 가려서 양심이 화인 맞으면 영적 당뇨병에 걸린 것과 같다. 성경 역사만 가르치면 성경을 다 아는 양 자신은 성장하지 못하며 남을 가르치려고만 한다. 그러기엔 실천적 영성목회를 하지 않고는 성도나 목회자들도 성장이 안 된다. 몸에 암 덩어리가 있으면, 고통스럽고 아프지만 수술을 해서 더욱 확산되지 못하도록 암 덩어리를 꺼내야만 한다. 영성목회는 마치 환자를 수술대 위에 놓고 수술하는 작업과 같다. 그렇기 때문에 영성목회는 숫자가 적다. 쓴 소리를 하기 때문에 모두들 싫어한다.

그러나 영이 성숙돼서 지독하게 자신과 싸우며 예수님의 삶을 살고자하는 목회자와 성도들은 모여든다. 영성목회는 교회숫자 늘이기 부흥과 방법론을 연구하고 배우는 것이 아니라 사람 속에 있는 사탄의 적을 가르치고 철저하게 자신을 쳐서 십자가 앞에 굴복시키는 작업이다. 나 자신이 먼저 올바른 그리스도의 실천적 삶이 되어 모든 사람들에게 빛과 소금의 역할이 되어야 한다. 전도는 말에 있지 않고 그리스

나는 누구인가

도의 원천적 삶이 실제가 되어야 한다. 왜 현시대에 와서 기독교가 세상에 점점 핍박을 받게 되었는가!

그리스도의 실천적 삶이 부족하기 때문이다. 성경 지식은 해박한데 생명적인 삶이 되지를 못하는 것은, 바리세인과 같이 남을 가르치려는 방법론에 지식만 쌓아가서 그렇다. 이것은 평신도나 목회자나 마찬가지다. 목회자는 목회자다운 품위가 있어야 하는데 이것은 장사꾼인지 보험 세일즈맨인지 정치인인지, 또한 시대 변천에 따라서 바뀌어야 한다는 목회관이 점점 세상과 타협하고 너무나 인본주의와 말씀을 떠나 자유주의로 흘러가고 있다. 하늘의 법과 질서가 말씀을 떠난 자유는 죄악이며 방종이다.

더 나아가서 하나님에 대한 신성과 경외함과 두렵고 떨리는 마음이 전혀 없다. 천국에서 내가 본 하나님에 나라는 너무도 거룩하고 신성하며 아름다운 곳이었다. 말과 글로는 표현이 안 되는 하나님의 전을 감히 쳐다 볼 수가 없었다. 그래도 옛날에 목사님들은 승용차도 없고 좋은 옷을 입지 못해도 낡은 성경책을 옆에 끼고 인자한 모습으로 집집마다 신방하시면 참으로 거룩해 보이셨다. 그런데 지금의 목사님들은 위대한 사업가 경영주로 보인다. 대형교회의 경우 담임목사님 주위에는 비서에 둘러싸여서 하나님 만나는 것보다 목사님 만나는 것이 더욱 힘들어진 교회들도 있다.

하나님은 "아버지!" 하고 부르면,

"오냐 사랑하는 아들아, 사랑하는 딸아!"

언제나 부르기만 해도 대답해 주시는데, 대형교회 유능한 S목사님들은 주위에 사람들이 겹겹이 둘러싸여,

"목사님!"

하고 불러 봐도,

"너무나도 머나먼 당신, 불러도 대답 없는 이름이여!"이다.

어느 S교회는 돈 보따리를 가지고 가면 일순위로 만나주는 교회도 있다. 병들고 가난하며 빈곤한 사람들은 축에도 못 낀다. 어느 성도의 말이다.

"교회도 돈 없으면 못 다녀요! 목사님이 엄청 돈을 좋아하시거든요. 성도들 간에도 돈 없으면 어울리지 못해요. 그래서 기독교 방송 TV로 말씀을 들어요."

부요한 성도들은 그들과 어울려 주지도 않는다. 그리고 가난한 자들을 위하여 봉사하러 간단다. 얼마나 위선적이고 잘못된 신앙들인가. 참으로 가장 가까운 혈육 형제와 부모나 돌봐 주었으면 좋겠다. 가까운 이웃과 형제와 부모도 돌보지 않고 봉사를 하러 나간다는 것은 모두가 자기 의요 자랑인 것이다. 또한 깊은 속에는 자기의 유익을 위함이다. 그것은 성장하지 못하거나 모두가 자신의 탐욕을 위한 거짓 그리스도인 것이다.

그런 반면에 훌륭한 사도바울과 같은 큰 목회자도 많다. 우리 한국에 나타나는 별들도 많고, 숨어져있는 귀하고 값진 보석들도 많이 있다. 빛이 강하면 어둠도 강하게 역사한다. 그것은 당연한 이치이다. 때문에 우리 한국 교회는 희망이 있다고 긍정적으로 본다. 그러한 목회자들이 있기 때문에 우리 한국은 절대로 무너지지 않는다. 물론 종말에는 하나님께서 이 세상을 제 창조하시겠지만 우리 한국 교회가 무너지면 주님 오시는 날이 임박한 날이 될 것이라고 생각한다. 기독교 나라치고 우리 한국만큼이나 예배를 많이 드리고 기도를 많이 하는 나라도 없다. 하나님께서는 우리 한국을 통하여 하나님의 뜻을 펼쳐나가신다. 부정적인 생각만 갖지 말고 깨어나자. 다시 한국의 뜨거운 심령부흥을 일으키자. 나 자신부터 회개 하고 말씀순종하며 희망을 갖자!

언젠간 신앙이 좋은 동창생인 사랑하는 의숙이로부터 전화가 왔었다.

"이 목사! 어느 교회에 사모님이 있는데 목사님이 돌아가셨단다. 그런데 목사님 어머니를 사모님이 모시고 사는데 말이야! 시어머니를 밥을 많이 드리면 똥을 많이 싼다고 밥도 조금밖에 안주고 방문도 걸어 잠가놓고 노인복지회관으로 봉사하러 다닌단다. 이게 말이나 되니? 차라리 멀리 있는 복지회관에 가서 봉사활동하지 말고 아주 가깝게 계신 자기 시어머니나 잘 돌봐주었으면 좋겠다. 목사님 어머님이 너무 불쌍해서 그래. 이 목사 제발 성도들 좀 잘 가르쳐라."

화가 잔뜩 나서 열변을 토하며 전화를 했다. 그 동창은 주의 종도 잘 섬기고 노인복지활동에도 봉사하고 다니는 참신한 신앙인이었다. 천국을 가서 이 세상을 내려다보니 성도들이나 목회자들이 주님의 일을 위하여 열심히 일을 하나, 주님과 전혀 상관없이 신앙생활들을 하고 있었다. 참으로 가슴이 답답하고 암담했다. 왜냐하면 그들은 한결같이 주님을 위해서 열심히 일을 한다고 생각하기 때문이었다. 우리는 자신의 깊은 마음을 살피고 성찰하며 성숙된 교회와 개인의 올바른 신앙생활을 해나가야 한다.

물론 모든 교회가 다 그렇다는 것은 아니다. 우리나라만큼이나 말씀이 쏟아져 넘치는 나라도 적을 것이다. 내가 다니는 교회가 말씀이 영적으로 채워지지 않고 은혜가 되지 않으면 얼마든지 성장의 척도에 따라 원하는 말씀의 양식대로 교회를 찾아갈 수가 있다. 왜냐하면 말씀도 영적 성장기가 있어 유치부, 초등부, 중등부, 고등부, 대학부가 있기 때문이다. 우리나라 교회는 모두 갖추어져 있어 말씀을 자기의 수준과 성장에 맞게 찾아가면 된다. 정말 축복받은 나라이다. 나의 형제 신앙 성장에 대해 말해 본다. 둘째오빠는,

"나더러 예수 믿으라는 년을 문지방도 들어서지 마라!" 하던 오빠였다.

끊임 없는 기도와 전도로 결국 오빠는,

"네 언니들이 믿는 하나님은 안 믿어도 네가 믿는 하나님은 나도 믿겠다."

하고 오빠는 교회를 나가겠다고 하였다. 나는 승리했다.

기도원에 가서 교회 나가기로 약속을 하고 원장님께 안수기도를 받았다. 서울로 돌아와 오빠를 압구정동 곽선희 목사님 시무하시는 소망교회로 데려가 예배를 드렸다. 나는 말씀이 너무 은혜롭고 좋아서 눈이 초롱초롱한데 오빠는 옆에서 하품을 하고 졸고 있었다. 나의 목회자 상은 물론 예수님이 시지만, 사람으로는 곽선희 목사님이 나의 목회자 상이었다. 하지만 오빠에게는 은혜가 되지를 못했다. 곽 목사

님은 은사 쪽이 아니라 말씀 중심이기 때문에 교회가 너무 조용하고 엄숙했다. 오빠에겐 예배가 지루하고 말씀도 이해하기가 어려웠던 것이다.

"아, 내가 실수 했구나 나의 기준에 맞추어 오빠를 데려 왔구나!"

오빠는 평생을 우상 숭배를 하다가 교회를 처음 나온 것이다. 전혀 하나님을 모르는 상태며 나이도 많고 지식도 많이 부족하였다. 곽선희 목사님 말씀 언어 자체를 이해하고 받아들이지를 못하였다.

나는 다음 주에 여의도 순복음교회를 데려갔다. 오빠는 깜짝 놀랐다. 소망교회와는 분위기가 전혀 달랐다. 이렇게 열광적이고 뜨거운 교회는 처음 보았고 또한 한국교회가 놀랍게 크고 하나님 믿는 많은 사람이 구름떼 같이 몰려와 예배를 드리는 것을 처음 보았기 때문이었다. 오빠는 순복음교회를 좋아했다. 조용기 목사님은 치유와 은사 쪽이기 때문에 장로교하고는 전혀 분위기가 달랐다. 초신자들과 지식이 부족한 사람, 상처받고 소외당한 사람들에게 쉽게 말씀을 전하시고 많은 치유를 해주시는 큰 빛의 목자다.

첫째 그분은 사랑이 많다. 회초리가 없으며 싸매고 달래주며 성도들을 위로해 주신다. 그리고 항상 긍정적인 말씀을 해주시기 때문에 초신자들이 위로를 받고 희망을 갖는다. 또한 신유의(병을 고치는) 은사가 계시기 때문에 살아계신 하나님의 역사가 나타나는 것을 직접 체

나는 누구인가

험하여 모두가 뜨겁다. 내가 순복음교회를 나가게 된 동기는 어려서부터 항상 성가대를 함께 자리했던 친구가 몇 차례 권하여 순복음교회를 갔었다. 나도 처음에는 깜짝 놀랐다. 얼마나 말씀이 좋으면 이렇게 구름떼 같이 성도가 많을까?

대예배를 참석하고 말씀을 들으니 너무나 황당하고 실망이 컸다. 나는 속으로 이게 무슨 설교야 유치원생도 아니고 그리고 다음부터는 친구가 권해도 안 나갔다. 그런데 어느 날, 큰언니 집에 갔었다. 부산에서 작은언니가 와 있었다. 작은언니는 나를 보더니,

"석자야, 오늘 여의도 순복음교회 안 갈래? 오늘 금요철야예배를 보려고 왔어."

"아니, 언니! 부산에서 순복음교회 금요철야예배를 드리려 왔단 말이야?"

"응, 함께 가자."

나는 속으로 그게 무슨 설교라고 부산에서 서울까지 온담. 작은언니는 부산에서 서울까지 말씀을 들으러 오는데 함께 안갈 수 없어 할 수 없이 철야 예배를 언니를 따라 함께 참석했다. 첫 시간부터 주기철 목사님 생애를 영화로 보여주어 감명 깊어 은혜가 풍성했다. 그리

고 깊어가는 밤 마지막 조용기 목사님 요한 계시록 강해가 시작되었다. 나는 요한 계시록 말씀을 듣고 그 다음부터는 조용기 목사님 말씀에 미쳐 암사동에서 여의도 순복음교회까지 새벽예배를 다녔다. 오산리 기도원에도 한때는 정신 빠지게 다닌 적도 있었다. 그 열성으로 기적과 같은 일들이 많이 일어났다. 철저한 십일조와 말씀을 생명처럼 사모하는 자에게는 반드시 하나님은 보상을 해주신다.

그때는 내가 평신도이었기 때문에 대예배는 대중적인 설교를 하신다는 것을 몰랐다. 그러나 선천적 조용기 목사님은 따뜻하고 사랑이 많으신 말씀을 하셨다. 그래서 갈 바를 알지 못해 방황하는 초신자들은 큰 위로가 힘이 된다. 병 고침도 받아 체험도 빠르고 믿음과 신앙이 뜨겁다. 그런 반면에 곽선희 목사님은 엄격하시고 경건하시며 때에 따라선 말씀 중에 회초리도 드신다. 지식층과 성장한 영성적 설교이시다. 아멘소리와 방언도 하지 못하게 하신다. 예배 중에 아멘! 할렐루야! 하고 소리를 크게 질렀다가는 곽선희 목사님은 설교준비 했던 말씀도 정신없어 다 날아가 버릴 것이다.

부르짖어 통성기도를 할 수 있나 방언기도를 할 수 있나 그래서 은사자들은 숨이 막혀 맞지가 않는다. 하나님은 모든 목회자들에게 그 지역마다 각자 알맞은 은사들을 주셔서 당신의 자녀들을 사람을 통하여 인격과 성향에 따라 다양하게 구원의 작업을 이루어 나가신다. 그러므로 누가 옳고 그르고 판단하지 말고 하나님께서 나에게 주신 은사와 달란트에 최선을 다하여 하나님께 영광을 돌리면 된다.

오빠를 순복음교회에 명단에 올리고 미국에 10개월 있다 나왔다. 오빠는 그동안 한 번도 빠지지 않고 열심히 순복음교회 나갔다. 예배가 끝나고도 교육을 받고 있었다. 기적이다. 세례는 교육기간이라 받지 않고 있었다. 오빠는 나이도 많고 혼자서 살아가기 때문에 교회가 가까워서 목사님도 가끔 신방도 오시고 찾아봐 주어야 했다. 나는 미국에서 돌아와 오빠의 집과 가까운 장로교회에 혼자 가서 설교를 들어보았다. 목사님이 인자하시고 말씀이 생명력이 있었다. 오빠도 충분히 알아들을 수 있게 말씀을 전하셨다. 그 다음 주일에는 가까운 교회 목사님께 오빠를 소개를 하고 부활절 날 세례를 받게 했다. 지금까지 오빠는 교회를 열심히 잘 나가고 있어 하나님께 너무 감사했다. 오빠들을 전도할 땐 먼저 내가 주위에 교회를 다녀 말씀을 들어본 뒤 목사님께 오빠들을 소개하고 교회에 명단에 이름을 올리게 했다.

외국에는 싫으나 좋으나 그냥 교회를 다닐 수밖에 없다. 그래서 무엇인가 자기와 맞지를 않으면 교회를 중단하게 되어버린다. 우리나라와 같이 그렇게 교회가 많지를 않기 때문이다. 땅 덩어리가 하도 커서 이동하려면 차를 몰고 5~10시간 가야만 하고 비행기를 타야만 한다. 우리나라는 땅덩어리도 적고 한 건물 건너 교회다. 그러나 중요한 것은 교회를 잘 선택해야 한다. 성도는 참 목자를 잘 만나야 성장할 수 있기 때문이다. 부모를 잘 만난다는 것은 땅의 축복이요, 목회자를 잘 만난다는 것은 하늘의 축복인 것이다.

어떠한 일이 있어도 교회를 포기하지 말자. 말씀을 사모하고 진리를 찾고자 하며 기도하는 사람에겐, 신앙의 연령에 따라 주님은 반드시 인도해 주신다. 말씀이 심령 속에서 떠나면 영혼은 죽는다. 육체가 살려면 육의 양식을 먹듯이 영혼이 살려면 영의 양식을 먹어야 산다. 한국이나 외국에 나가 생활을 하면서 신방을 해보면 성도들이나 장로님들이 교회를 포기하고 안 다니는 사람들 여럿을 보았다. 대다수가 교외 밖에서 상처받기 보다는 교회 안에서 상처 받아 모두 교회를 등지는 경우가 많았다.

믿는 자나 믿지 않는 자나 교회를 비난한다. 교회를 다니는데 사람이 왜 저 모양이냐고. 그것은 모르는 소리이다. 교회는 의인이 오는 곳이 아니라 죄인들이 오는 곳이다. 너나 할 것 없이 우리는 모두 죄인인 것이다. 교회는 완전 타락한 인간의 영혼들을 회복시켜 하나님께 영광 돌리는 거룩한 성전인 것이다. 교회는 망가진 사람들을 고쳐서 세상밖에 다시 내보내는 인간 재활용 센터이다. 사람에게 하나님의 영이 떠난 것을 하나님 형상을 회복시켜 하나님의 자녀들을 돌아오게 하는 영혼의 아버지 집이다. 때문에 교회를 나와 목사님의 말씀을 듣고 깨달아 거듭나서 세상에 빛과 소금의 역할이 되어야 한다.

교회는 사람을 만나러 오는 곳이 아니다. 거룩한 성전에 하나님을 만나러 오는 곳이다. 사람 만나러 오는 사람은 사람에게 상처받고 돌아가지만 하나님을 만나러 오는 사람은 세상에서 얻지 못하는 놀라운 기쁨과 평강이라는 축복을 성령님으로부터 선물을 받게 된다.

하늘의 질서가 무너지고 땅의 질서가 무너지고 있다. 법과 질서가 무너지면 하나님이 주신 자유와 평화가 사라진다. 시한부의 인생 개인의 종말도 중요하지만 이것은 인류의 종말이 다가오고 있다는 증표이다. 지구촌에 거대한 배는 서서히 침몰되어 가고 있다. 언제 이 배 속도가 가속화되어 침몰될지는 아무도 모른다. 우리는 그때가 다가오기 전에 그리스도의 장성한 분량까지 성장하여 하나님의 형상을 회복해 나가야 한다. 그래서 왕 같은 제사장다운 제사장의 삶, 예수님의 제자다운 제자의 삶, 예수님의 신부다운 신부의 삶, 하나님의 자녀다운 자녀의 삶을 살아가야 한다.

기독교의 영성이란 무엇인가? 그것은 하나님의 형상을 회복해 나아가는 인간 재창조이다. 죄로 태어난 첫째 아담에서 둘째 아담 예수 그리스도를 통하여 새로 태어나야 한다는 것이다. 진정 우리의 스승과 멘토는 오직 예수그리스도이시며 성부와 성자와 성령님 삼위일체 하나님이시다. 그래서 우리의 소망은 이 땅의 것이 아니라 하늘의 소망을 안고 살아가는 것이다. 사람은 죽는 것이 아니라 죽음은 또 하나의 시작인 것이다.

육체의 죽음과 동시에 우리의 영혼은 왔던 곳으로 천사와 같은 모습 영체로 바뀌어서, 다시 고향을 찾아 아버지의 품으로 돌아가는 것이다.

천국을 향하여 매일 같이 영적 전투의 복을 입자. 어둠의 악한 영들과 싸워 승리의 나팔 불며 오늘도 힘차게 달려가자 저 천성을 향하여 영원한 아버지의 품으로, 영원한 평강과 기쁨의 나라로……

4. 나는 누구인가?

나는 누구인가?

나는 어디서 왔으며 어디로 가는 것일까?

정말 하나님이란 존재하는 것일까?

또한 지옥과 천국이 있다는데 정말 지옥과 천국은 있는 것일까?

인생이 살다 늙고 병 들면 언젠간 너나 할 것 없이 모두가 죽는다. 육체는 흙으로 왔으니 흙으로 돌아가는 것까지는 알겠다. 그러나 천국과 지옥이 있다는데 천국과 지옥을 가는 또 하나의 보이지 않는 그 생명이란 무엇일까?

죽으면 목숨이 하나이지 어떻게 생명이 둘이 될 수가 있는 것일까?

철학 책도 보았고, 진리를 찾아 많은 여행도 해보았다. 그러나 찾은 것은 하나도 없었다. 다만 신경성 위장병만 얻어 아무 것도 먹지 못하게 되었다. 죽음의 벼랑 끝에 설 때야 마지막 깊은 묵상 속에서 강한 빛이 들어와 스스로 깨달아져 알게 되었다. 이 수수께끼 같은 인생의 문제를 놓고 깨닫기까지는 마치 지구 세 바퀴 돌고 돌아온 기분이었다.

하지만 그것으로 끝나지 않았다. 한번 구원은 영원한 구원이 아니었다. 성령 충만도 영원한 충만이 아니었다. 어둠의 영은 지구 끝까지 쫓아와 넘어트려 지옥으로 끌고 가려했다. 사탄은 모든 삶의 환경 속에 지뢰밭과 그물을 쳐놓고 나를 기다리고 있었다. 그러나 주님은 어느 곳에서나 나와 함께 하셨으며 끝까지 어둠과 싸워 승리하게 하셨다. 결국 첫사랑을 회복하여 주님 품안으로 완전히 돌아오게 하셨다. 또 다시 진리 안에 자유 함을 되찾아 평안과 감사와 기쁨 속에서 살아가게 하시었다. 칠흑 같은 암흑 속에서 태양은 다시 떠올랐다.

진주 한 알이 되기까지는 조개가 바닷물에 쓸리고 모래에 깎이고 깎인 진액이 한 알의 진주가 형성된다고 한다. 조개는 자기 몸을 희생시키며 아름답고 값진 보석을 만들어 낸다. 순금은 불속에 24번을 들어갔다 나와야 24금이 된다고 한다. 고난이 없이는 절대로 인간은 성장할 수가 없다는 것이다.

사랑할 수 없는 사람을 사랑할 수 있었고, 이해 할 수 없는 사람을 이해 할 수 있었으며, 도저히 용서할 수 없는 사람을 용서할 수 있었던 것은 우주를 품는 하나님의 그 크신 사랑과 우리를 죄 가운데서 구원하시려고 피 한 방울 남김없이 다 쏟으신 예수님의 십자가 사랑 때문이었다. 십자가에 내가 죽지 않으면 새롭게 태어나 부활할 수가 없다는 것을 몸소 우리들에게 보여주시고 돌아가셨다. 예수님께서 십자가에 못 박혀 죽지 않으셨다면 우리의 구원은 없었을 것이다. 때문에 예수님의 십자가는 우리의 죄 사함을 위하여 하나님의 예정된 일인 것이었다. 인간은 스스로 죄를 해결할 수가 없기 때문이다. 예수님의 십자가와 부활의 사건은 인간의 구원의 통로요, 천국의 통로였다.

영은 스스로 성장할 수가 없다. 말씀과 기도를 통하여 또한 공동체 속에서 자기의 모습을 찾아 성찰하고, 학문과 지식을 쌓아가며 성장할 수가 있는 것이다. 학문과 지식은 성경 속에 다 있다. 많은 책을 읽으려 하지 말고 성경책과 여러 주석책을 함께 곁들여 읽어 나가면 이해가 빠르다. 언젠간 임마누엘교회 김국도 목사님은 주석도 읽지 말고 성경책만 읽으라고 하셨다. 그 말씀이 무슨 뜻인지 나는 충분히 이해가 간다. 성경책은 다른 책보다 성령님이 계시기 때문이다. 성령님께서 먼저 영혼을 깨닫게 해주시고 그 다음 좋은 영성서적을 보면 그것이 영혼의 양식이 되어 뼈가되고 살이 된다.

그러나 성경 속에 성령님을 통해 깨닫지 못하고 다른 고전적인 책을 많이 읽어서 지식을 쌓게 되면 영의 생명이 없기 때문에 성장하지 못한다. 세상적인 지식만 배워서 남을 가르치려고만 하고 사람을 정죄하고 판단하게 되어 교만해 진다. 이성으로 깨닫는 것과 영이 깨닫는 것은 천국과 지옥의 차이다. 생명이 없는 깨달음은 아무 소용이 없는 것이다.

나는 많은 체험 속에서 하나님의 음성을 들으며 하나님과 함께 동행하며 살아왔다. 하지만 계속적 실수를 반복되는 것은 성경 속에서 말씀이 부족했던 것이다. 영성목회자 아카데미 신학 2년 과정과, 영성훈련 3년 과정 속에서 나의 모습을 보았다. 신구약을 구체적으로 영성학으로 실제 일어나고 있는 삶을 말씀과 함께 연구해 나가면서 깊이 숨어있는 사탄의 정체를 성경을 통해서 깨달아 알게 되었다. 2분설로 신학을 마쳤다면 3분설의 깊은 신학을 통하여 사탄의 정체성을 발견하기가 더욱 힘들었을 것이다.

사탄은 너무나 하나님의 모습과 비슷하게 따라왔다. 정말 분별하기 어려웠다. 나에게 있어선 하나님의 숫자가 100이라면 사탄은 하나가 모자라는 99숫자였다. 남이 나를 속이는 것이 아니라 내 안에서 내가 사탄에게 속는 것이었다. 사탄의 속성은 분쟁, 분열, 원망, 불평, 미움, 증오, 분노, 욕심 슬픔, 탄식, 외로움, 고독이다.

그러나 하나님의 속성은 화합, 평화, 사랑, 기쁨, 감사, 긍휼, 자유, 평강, 환경을 초월하고 부족함이 없는 풍성함이다. 지금 내가 원망, 불평, 미움, 증오가 있다면 내 속에 어둠이 장악하여 결박당해 묶여 있다는 것이다. 모든 것을 갖고도 누리고 살지 못하는 사람이 있는가 하면, 가진 것이 없어도 자족하면서 풍성하게 세상을 누리고 사는 삶이 있다. 그것이 빛 가운데서 살아가는 진리 안에 자유인인 것이다. 하나님의 빛의 사람들은 보이는 환경을 의지하거나 매이지를 않는다.

　　이 세상은 어둠과 빛의 공전이다. 악과 선, 성령과 악령, 보이지 않는 영적 전쟁터이다. 성령으로 거듭나고 모든 은사를 받았어도 사탄의 정체를 모르면 넘어지고 만다. 적과 싸우려면 적을 알아야 한다. 끊임없는 말씀의 연구와 기도를 통하여 성령님의 도우심을 받아야만 한다. 하나님의 자녀는 하나님의 음성을 듣는다. 선택받은 하나님의 자녀는 어떠한 환경 속에서도 하나님께서 눈동자와 같이 지켜주신다는 것이 이 책의 하나님의 목적이시기도 하다.

　　하나님은 우리가 선택하는 것이 아니라 하나님께서 우리를 선택하는 것이다. 육신의 부모를 내가 선택해서 만난 것이 아니라 부모가 나를 낳아 만들어 주어서 부모를 만난 것이다. 그러나 이 자녀가 집을 가출하여 영영 돌아오지 않는 자녀도 있는가 하면, 또한 가출하지 않은 자녀도 있고 가출했다가 다시 집으로 부모를 찾아 돌아온 자녀도 있다. 하나님을 믿지 않은 사람들은 부모 곁을 떠나 가출한 자녀와 같은 것이다. 믿는 자나 믿지 않은 자나 우린 모두 하나님의 자녀라는 것을 잊어서는 안 된다. 하나님을 어렵게 생각지 말고 육신의 부모와 같이, 하나님도 이와 같다고 생각하면 이해가 빠를 것이다. 때문에 우리가 하나님을 아버지라고 부르는 것이다.(창 1:26~27, 롬 8:14~17 참고)

5. 결론

성경 말씀으로 결론을 지으려 한다. 우리가 말씀에 불순종하고 성령의 음성을 거절해도 이름이 여전히 생명책에 남아 있을까? 하나님의 중요한 말씀을 들어보자!

여호와께서 모세에게 이르시되 내게 범죄하면 내가 내 책에서 그를 지워버리리라.(출 32:33)

만일 의인이 돌이켜 그 공의에서 떠나 범죄하고 악인이 행하는 모든 가증한 일대로 행하면 살겠느냐. 그가 행한 공의로운 일은 하나도 기억함이 되지 아니하리니 그가 그 범죄한 허물과 그 지은 죄로 죽으리라.(겔 18:24)

그 보좌 앞에 서 있는데 책들이 펴 있고 또 다른 책이 펴졌으니 곧 생명책이라 죽은 자들이 자기 행위를 따라 책들에 기록된 대로 심판을 받으니.(계 20:12-13)

바다가 그 가운데에서 죽은 자들을 내 주고 또 사망과 음부도 그 가운데에서 죽은 자들을 내 주매 각 사람이 자기의 행위대로 심판을 받고.(겔 20:13)

이는 우리가 다 반드시 그리스도의 심판대 앞에 나타나게 되어 각각 선악 간에 그 몸으로 행한 것을 따라 받으려 함이라.(고후 5:10)

너희가 이같이 어리석으냐. 성령으로 시작하였다가 이제는 육체로 마치겠느냐.(갈 3:3)

위와 같이 우리는 하나님의 말씀을 조금도 방심하면 안 된다. 천국은 나도 가니 너도 가자. 어깨동무하고 함께 가는 곳이 아니다. 천국은 하나님과 나와의 1:1의 관계이다. 기적과 이적을 나타내고 지식으로 많이 아는 것이 중요한 것이 아니라 성도나 목회자나 철저한 말씀 중심, 그리스도의 실천적 삶이 중요한 것이다. 영성목회에서는 영적 당뇨병에 걸리게 하는 위로와 복에 대한 달콤한 말씀이 별로 없다. 다만 수술대 위에 놓고 마음속에 깊이 숨어있는, 죄 성에 대해서 끄집어 내는 심령 수술 작업이다. 말씀이 조명이 되어 자신을 들여다보는 작업이며 상처가 쌓인 마음의 쓴 뿌리를 뽑아내는 마지막 때 들림 받는 추수작업이다.

실천적 삶이 동반되지 않으면 하나님의 음성을 들을 때 치명적인 사탄의 공격을 받게 된다. 하나님 말씀 중심 안에 삶이 따라주어야 하나님의 음성도 올바르게 들을 수 있기 때문이다. 맑고 깨끗한 영혼 속에 하나님의 바른 음성을 들을 수 있다. 교만하거나 사랑이 없거나 혼탁한 영혼 속에는 여러 가지의 잡다한 타락한 어둠의 영들이 들어오기 때문이다. 대체로 은사자들이 처음에는 성령으로 시작되었다가 후에는 물질이 들어오니 욕심이 들어간다.

인정받고 대접을 받다보니 교만이 들어가 하나님 자리로 올라가 교주가 된다. 영의 아버지, 영의 어머니라는 등 또한 내가 예수라는 등 갖가지의 혼탁한 영들이 포장해서 들어온다. 이러한 경우는 말씀의 신학적 학문과 지식이 부족한 경우에 어둠의 영이 파고든다. 최대한 성경에 기준에 서야 한다. 기도를 많이 하고 은사를 받은 사람들이 성령으로 시작되었다가 악령으로 끝을 맺게 되는 참담한 일도 많이 생긴다.

한때 영성교육을 받을 때였다. 영성훈련을 지도하시는 원장님께 투시은사를 받았다고 말씀드렸다. 원장님께서 투시은사가 맞지만, 예언의 은사, 성경적 언어로 바꾸라고 권면해 주셨다. 사실상 하나님의 말씀을 다 기록하자면 우주를 쌓아도 쌓아도 부족한 말씀이다. 그러나 신학적 성경 말씀 기준 안에서 언어를 사용해야 한다는 것이다. 하늘에는 하나님의 모습을 닮은 공중 권세자 타락한 천사 사탄의 영들이(3분의 1) 너무도 많기 때문이다. 하나님께서 은사를 거두실 때는 두 가지 용도로 거두신다. 처음에는 사랑과 청빈으로 시작하다가 욕심과 교만이 들어가서 거두시고, 또한 욕심과 교만이 들어가 큰 죄를 지을까봐 약간의 체험의 믿음만 주시고 중간에 거두시기도 한다. 그래서 처음과 같이 병도 낳지 않고 예언도 틀려지는 것이다.

우리는 말씀을 머리 위에 관을 쓰고 목에 걸고 허리에 동여매여 손목에도 채우고 발목에도 채워 말씀의 전신갑주를 입어야 한다. 갖가지의 사탄의 영들이 들어오지 못하도록 단단히 갑옷을 입고 무장을 하여야 한다는 것이다. 또한 시시때때로 불쑥 올라오는 혈기와 분노, 이쓴 뿌리의 자아를 말씀의 검으로 쳐서 그리스도의 삶을 살아가기에 반드시 승리를 해야만 한다. 한 치도 우린 자신의 마음을 놓을 수가 없다. 예수님 외에 사람은 모두가 미완성품이기 때문이다. 영적 전쟁은 천국 갈 때까지다. 십자가로 자신이 죽지 않고 사랑 없는 지식과 은사는 교만의 선봉이요 독극물이다.

21세기부터 시작된 지금은 혼돈의 시대이다. 말세이기도 하기 때문에 영 분별력이 있어야 한다. 철저한 말씀과 기도로 무장하여 성찰하고 매일 회개하지 않으면 안 되는 어두운 시대를 맞았다. 배는 서서히 침몰되어가고 있으나 사람들은 모두들 영적 깊은 잠이 들어 깨어나지 못하고 살아간다. 어느 때에 이 배의 침몰은 가속화 될 것이다. 그때를 만나면 믿음을 지키기가 어려운 시대를 만나게 될 것이다. 과연 순교하는 자는 얼마나 남을 것인가?

천국과 지옥은 정말로 있다. 이것은 믿기 싫어도 꼭 믿어야 한다. 지옥을 갈 바에는 짐승으로 태어나거나 차라리 태어나지 않는 것이 더욱 좋았을 것이다.

사람에게 죽음 뒤에는 반드시 또 하나의 세계, 내세가 있다는 것을 명심해야 한다. 사후세계는 시작도 끝도 없는 세계이다. 시간이 정지된 세계, 인간이 생각할 수 없는 시공을 초월된 세계이다. 사람은 자연으로 와서 자연으로 돌아가는 것이 아니다. 보이는 자연은 계속적 하나님 손에 제 창조 될 뿐이다. 인류의 종말이 오기 전, 개인의 종말이 있다. 오늘 죽을지 내일 죽을지 인간은 제한된 시한부의 인생을 살아가고 있다. 날마다 말씀이 조명이 되어 자신을 돌아보며 회개해야 한다.

모두 사랑하고 포용하며 자신을 쳐서 십자가에 복종시켜 낮아지고 겸손하여 영적 깊은 잠에서 깨어나야만 한다. 각자에게 주신 사명 끝나고 이 생의 고난 끝날 때, 죽음 앞에서도 두려움 없이 기쁨과 소망 안고 질병의 고통도, 슬픔도 탄식도 없는 나라. 영원한 평강의 나라 천국을 향하여 우리 모두 함께 힘차게 달려가자!

나는 누구인가

나는 어디서 와서 어디로 가는가?

이석자 목사 간증집

발 행 처 · 도서출판 **청어**
발 행 인 · 이영철
영　　업 · 이동호
홍　　보 · 이용희
기　　획 · 남기환
편　　집 · 방세화
디 자 인 · 김영은 | 이수빈
제작이사 · 공병한
인　　쇄 · 두리터

등　　록 · 1999년 5월 3일
(제1999-000063호)

1판 1쇄 인쇄 · 2019년 12월 10일
1판 1쇄 발행 · 2019년 12월 20일

주소 · 서울특별시 서초구 남부순환로 364길 8-15 동일빌딩 2층
대표전화 · 02-586-0477
팩시밀리 · 0303-0942-0478

홈페이지 · www.chungeobook.com
E-mail · ppi20@hanmail.net
ISBN · 979-11-5860-714-2(03230)

이 도서의 국립중앙도서관 출판시도서목록(CIP)은 서지정보유통지원시스템 홈페이지
(http://seoji.nl.go.kr)와 국가자료공동목록시스템(http://www.nl.go.kr/kolisnet)
에서 이용하실 수 있습니다.(CIP제어번호: CIP2019046136)